2016年度国家出版基金资助项目

“十二五”国家重点图书出版规划项目

中国科学技术研究领域高端学术成果出版工程

中国科学院自然科学史研究所“十二五”重大突破项目

国家出版基金项目
NATIONAL PUBLICATION FOUNDATION

科技革命与国家现代化研究丛书

Series of Studies in Scientific Revolutions, Technological Revolutions and the Modernization of Nations

张柏春　主编

科技革命与中国现代化

Scientific Revolutions, Technological Revolutions and the Modernization of China

张柏春 田淼 张久春　著

山东教育出版社

图书在版编目（CIP）数据

科技革命与中国现代化 = Scientific Revolutions, Technological Revolutions and the Modernization of China / 张柏春, 田淼, 张久春著. 一济南：山东教育出版社，2020. 6

（科技革命与国家现代化研究丛书 / 张柏春主编）

ISBN 978-7-5701-0914-2

Ⅰ. ①科… Ⅱ. ①张… ②田… ③张… Ⅲ. ①技术革新—关系—现代化建设—研究—中国 Ⅳ. ①F124.3 ②D6

中国版本图书馆CIP数据核字（2020）第006818号

策　　划　陆　炎
责任编辑　齐　飞　董　晗
责任校对　任军芳
装帧设计　晓　沫

KEJI GEMING YU GUOJIA XIANDAIHUA YANJIU CONGSHU
KEJI GEMING YU ZHONGGUO XIANDAIHUA

科技革命与国家现代化研究丛书　张柏春/主编
科技革命与中国现代化　张柏春　田森　张久春/著

主管单位：山东出版传媒股份有限公司
出版发行：山东教育出版社
地址：济南市纬一路321号　邮编：250001
电话：（0531）82092660　网址：www.sjs.com.cn
印　　刷：山东临沂新华印刷物流集团有限责任公司
版　　次：2020年6月第1版
印　　次：2020年6月第1次印刷
开　　本：710毫米×1000毫米　1/16
印　　张：12.5
字　　数：162千
定　　价：70.00元

总　序

现代化和科技革命是当代中国社会的热议话题，也是出版物中的高频术语。现代化是19世纪60年代以来中国的宏大实践，在20世纪30年代成为学者们广泛关注的议题。中华人民共和国在建国伊始就着力推进产业和国防的现代化，并且在五六十年代将现代化逐步具体化为农业、工业、国防和科学技术等方面的现代化。1964年，中央政府宣布以建成“一个具有现代农业、现代工业、现代国防和现代科学技术的社会主义强国”为发展目标。1978年，中央强调科学技术是生产力，是“四个现代化”的关键。此后，“科学革命”“技术革命”“科技革命”等概念深得学者们的认同。三四十年来，政府和科技界希望国家能抓住“新科技革命”的机遇，且借此实现现代化。那么，科技革命与现代化究竟存在怎样的关系？这正是本套《科技革命与国家现代化研究丛书》试图探讨的核心问题。

现代化、科学革命和技术革命等都是非常复杂的概念。本套丛书中，我们将“现代化”理解为农业社会向工业社会的转变，工业化是这一转变进程中的一条主线。现代化始于西欧，逐步扩展到欧洲其他地区、北美以及亚、非、拉等地，其间伴随着工业强国的殖民扩张和“被现代化”国家的社会转变，包括转变中出现的弊端。我们所讨论的“科技革命”是科学革命和技术革命的简称，是指相对于知识进化而言的重大知识变革。第一次科学革命是指16和17世纪发生在欧洲的科学变革，其主线是由哥白尼拉开序幕，从伽利略到牛顿的物理学、天文学和数学等学科的理论突破及具有现代特点的科学建制化。第一次工业革命与第一次技术革命相伴发生，其主要标志是蒸汽机的发明和应用。历次的科学革命、技术革命和工业革命的成果在全球化的进程中传向世界各地，被人们普遍共享和发展，并影响到当地的知识和社会的转变。现代化、科学革命和工业革命（技术革命）早已成为一些史学家叙事的方法和框架，相关著述浩如烟海。有趣的是，此前学界对科学革命和技术革命的研究主要集中于欧洲，如意大利、英国、法国和德国，而对现代化的研究则主要关注该进程中的后起国家，如日本、中国、印度等。有关欧洲现代化的研究主要集中于早期现代国家制度产生的过程及文化上的现代性等方面。其原因显而易见，科学革命和技术革命主要发生在西方国家，而当以工业化为主线的现代化概念盛行时，西方发达国家已完成了由农业社会向工业社会的转变。然而，无论在西方还是在东方，每个国家都有其现代国家制度的确立及工业化的实现的具体过程，也同样都有现代科学和技术的形成和制度化的不同历程。

中国科技事业发展和现代化建设要求人们理解世界科学技术的发展历程，以求得历史借鉴和启发。李约瑟（Joseph Needham）等国际学者能够研究中国的科学技术传统，我们也应该以自己的眼光审视世界科学技术的发展，提出新的学术问题和见解。1978年以来，中国科学院自然科学史研究所将世界科学技术史列为一个新开拓的研究方向，其重点是西方近现代科学技术史，编著了《20世纪科学技术简史》和《贝尔实验室》等学科史和机构史的著作。为了进一步探讨世界科技史，我们与中国科学院规划战略局在2010年春季开始组织研究“科学革命、技术革命与国家现代化的关系”，选择意大利、英国、法国、德国、俄罗斯（苏联）、美国和中国等国家为案例，着力阐释我国社会普遍关注的科技革命、现代化等重大问题，其中涉及发展的路径和模式。这个项目将对科学革命、技术革命的研究扩展到俄罗斯和中国等科学革命或工业革命的非原发国家，探讨“地域性的”科学革命或技术革命以及外力冲击下启动的现代化。一方面，从科学和技术的发展去理解社会的转变；另一方面，从社会的发展去理解科学和技术的变革。对这类复杂问题的探讨必定既有共识，又见仁见智。

经过认真筹划和评议，这项工作被中国科学院批准为“十二五”规划项目，同时被国家新闻出版总署列为“十二五”出版规划项目，并得到山东教育出版社的大力支持。为了实施这项计划，我们邀请自然科学史研究所、北京大学、清华大学、美国波莫纳加州理工大学（California State Polytechnic University，Pomona）、意大利卡西诺大学（Università di Cassino）等科研机构和大学的近30位专家学者，开展个案研究和综合研讨。为了完善研究计划，项目组在2012年访问德国马普学会科学史研究所（Max Planck Institute for the History of

Science），与雷恩（Jürgen Renn）所长等近20名西方科技史专家学者讨论这项研究的框架、主要内容、典型案例、方法论、前人工作和资料基础等重要问题。此外，项目组还听取了美国、法国、俄罗斯、意大利、英国等国专家的建议。国际同行的中肯意见对项目的设计和实施很有帮助。

科学革命、技术革命与现代化的关系是一个富有挑战性的、视野宽阔的大题目，对这个专题的研究在国际上非常鲜见。我们期望通过探讨这样的题目，能够为学术研究贡献点滴新知识，对读者思考有关问题提供线索。当然，在国内的世界科技史研究积累薄弱的情况下，研究这么大的新题目算是一次冒险的尝试。无论我们怎样努力，《科技革命与国家现代化研究丛书》都会挂一漏万，不过是万里长征的第一步。受研究基础的限制，目前完成的书稿中难免有疏漏，甚至错误，敬请学界同道和读者朋友们不吝赐教。

中国科学院自然科学史研究所

张柏春

2017年5月6日

于科学院基础园区

目录

引　言

中国不是科学革命、工业革命（技术革命）和现代化的发源地，那么，我们为什么要研究“科技革命与中国现代化”这样的专题？近代科学技术随着文化、经济和军事扩张而传播到中国，并使这个古老的大国卷入科学技术变革和农业社会转向工业社会的大潮。中国人不甘于任人宰割，选择走上曲折而复杂的现代化道路。这样，中国的知识革命和现代化就成为世界科学革命、工业革命和现代化的一个特别的组成部分。因此，科学革命、工业革命（技术革命）和现代化是包括中国在内的全球史研究的重大议题。中国发生的转变为我们提供了一个理解科学技术发展和国家现代化关系的很有价值的案例。

关于近400多年来中国发展史的研究著作可谓汗牛充栋，其中有许多成果涉及中国现代化这个议题，如罗兹曼（Gilbert Rozman）的《中国的现代化》。关于中国近现代科学技术史的研究起步较晚，但也取得了丰厚的成果，其中的代表作包括董光璧主编的《中国近现代科学技术史》和路甬祥主编的、自然科学史研究所组织编著的《中国近现代科学技术史研究丛书》。这些科技史论著主要从学科史、社会史、机构史等视角进行专题研究和综合研究，而不是特别关注科学技术的变革与国家现代化的关系。

本书重点考察在科学革命和工业革命（技术革命）中具有重要意义的知识和制度在中国的传播与发展，以及科学技术在中国这种后发国家的现代化进程中的作用。具体地说，我们梳理近400多年来中国科技与工业的发展脉络，研究下列问题：在欧洲发生科学革命与工业革命的时期，中国的科学技术、文化、经济、社会状况如何？当时由欧洲传入的部分科学知识，甚至包括某些科学革命议题中的知识和思想，在中国的际遇如何？发生在欧洲的科学革命和工业革命（技术革命）何时引发了中国的“知识革命”，或者说地域性的“科学革命”和“技术革命”？中西文化的差异如何影响西学东渐和中国的“知识革命”？中国的现代化有什么特殊性，遇到了哪些困难？制度如何影响科技发展和现代化建设的成效？对科学、技术和经济之间关系的认识怎样逐步深化，并影响到国家科技战略？通过探讨这些问题，我们可以理解中国的知识革命和现代化的模式，为全面认识科学革命、工业革命（技术革命）和国家现代化做出贡献。

为了聚焦主题，本书以科学、技术和工业之间的关系为主线，同时关注科学技术发展的文化与境及制度演变，着重分析历史发展中的关键节点及其逻辑关系，有侧重地阐释一些学科、机构和事件的案例，而不是像写科技通史或现代化全史那样兼顾方方面面。例如，我们选择中国科学院等案例，以解说科学和技术发展的阶段和模式，以及科学技术在国家现代化中的角色。事实上，本书面对的是很宽泛而又深奥的复杂学术问题，这方面的研究无疑是见仁见智的。受本书篇幅和作者学术背景的限制，我们较少述及农业、商业、城市化、人性解放、民主与法制等现代化研究应该关注的问题。

第一章

中国传统及其与西方文化的遭遇

中华文明历史悠久，发展出具有自身特色的科学与技术传统，并在东亚地区产生很强的文化影响力。16世纪末，中国与西方文明直面相遇，部分欧洲的科学、技术、艺术、神学和哲学知识传入中国，并对此后中国科学技术的发展产生了不小的影响。异质的知识体系的碰撞究竟产生了怎样的效果，是否能引起本土知识的变革？中国固有的文化、科学、技术传统在面对异质知识的挑战时表现出怎样的特性？更进一步，来自欧洲的知识和技术能否在中国引起科学技术变革？这些正是本章所关注的主要问题。

第一节　明清两朝的社会和知识传统

一、农业社会及其对外政策

中国地处欧亚大陆东部，太平洋西岸，地理环境相对封闭，东南部面临大海，北部是蒙古高原，西部多是高山，西南有“世界屋脊”——青藏高原。历史上，东南亚、蒙古、朝鲜甚至日本的国王和领主们都定期或不定期地向中国帝王朝贡。

经过唐、宋、元的发展，传统官僚制度在明代几乎发展到极致。皇帝是最高的仲裁者，由科举考试中选者组成的文官集团代表皇帝治理国家。朝廷沿用传统的地方行政管理制度，依照面积和人口数依次递减的顺序，以省、府、州、县分级管理。除南京与北京以外，城市和城镇没有特殊的行政地位，但地区治理的各机构通常位于其治下的城市或城镇。1380年，明朝开国之君朱元璋撤销中书省，建立起自上而下的金字塔形行政管理体制，将权力控制于皇帝手中。

长期有效的官僚制度主要以儒家学说为意识形态的核心，以为数不多的官僚治理农业社会[①]，营造了人们有机会提高地位和致富的

① 例如，19世纪，清朝大约有20 000个文职官员，其中一半在京城，另一半在省级及地方机构中；地方文职官员平均每县只有5人（罗兹曼，1988）[80—81]。地方机构官员必须有多方面的管理才能，方能处理好复杂的地方事务。

社会环境。朝廷通过科举考试制度罗致知识精英、选拔官员，利用他们治理农业社会，促成天下太平和繁荣。从1550年以后，明朝可能是世界上最发达的社会（罗兹曼，1988）[186]。以功名业绩取才的文官制度提供了权力、财富的动态流转的一种良性机制，有利于社会、人心的稳定，此制度不仅被周边某些国家所借鉴，还被明末清初来华的欧洲传教士所推崇，并影响了近代欧洲文官制度。

中国人在整合和治理幅员辽阔、人口众多、多民族的统一国家方面表现出非凡的能力。朝廷通过官僚制度维持农业社会的运行，通过征税维持经济平衡和商业运作。朝廷引导农户专注于生产，鼓励开垦土地和发展手工业，兴修运河和灌溉系统等基础设施，改进技术，储粮救荒赈灾等。朝廷经济实力不是很强，但所收取的赋税等财富已能满足自己的花费，包括应对周边入侵和内部平叛所需的军费。

中国农业社会以家庭为中心（罗兹曼，1988）[219]。遵循儒家伦理秩序的家庭和宗族构成社会的稳固基础，并影响社会的动员力。朝廷在某种程度上借助家庭与宗族的凝聚力来控制社会，涉及土地与财产继承、生产与分配等。在家长的主持下，家庭支配一定的资源，从事农业生产和其他经济活动，自然地增长人口。国家官僚制度与家族之间相互协调，维持着双方的利益平衡。

朝廷长期实行薄赋轻税政策，较少干预私营经济活动，甚至未将对外贸易视为重大收益来源。这样，社会财富主要分散于民间，有利于保障家庭利益，缓解社会矛盾。据估计，大约三分之一或五分之二的土地所有者从不交税，因为他们购买或开发的土地未纳入收税的统计中（罗兹曼，1988）[171]。尽管从民间获取的税收不算多，但清朝在18世纪末以前总是收大于支。其实，朝廷通过垄断盐和铜等生产资料的生产，获得了可观的收入。

经历蒙古人的统治之后，汉人执掌的明朝极力防范少数民族和境外势力，这种心态可能影响了明朝对外政策。由于地理上的相对封闭性及其对周边地区的文化优越感，中国在对外关系上形成了自己的图景。在这幅图景中，中国被视为中心，而其他国度则属于蛮夷之地或属国，属国要向中国朝贡。贸易、朝贡的礼仪意义远大于实际经济利益。对于其他统治者，朝贡意味着他们的地位相对低于中国皇帝，但他们可以在三个方面获得实际利益，即：可以得到他们所需要的纺织品、谷物、工业品和茶等中国产品；若获得中国皇帝册封，他们的地位便得到加强；如果其领土受到外部攻击，可以得到中国的支持。（牟复礼　等，1992）事实上，中国的财政收入主要来源于国内征税，而非对外贸易。

1497—1498年，葡萄牙人达·伽马绕过好望角，率领船队开辟了欧、亚大陆交通的新时代。在17世纪70年代荷兰人向爪哇推进之前，以及1750年英国势力崛起之前，欧洲在中国及其周边的政治势力仍然限于一些小岛和海岸的圈占地之内。中国朝廷试图以固有的对外政策来应对远道而来的欧洲人。清朝基本沿袭了明朝的政治制度及其外交策略。虽然清初两代皇帝对来自欧洲的传教士更为优待，但后因“礼仪之争”等因素而关闭了中欧交流的大门。

二、文化传统的延续

在文化方面，朱元璋曾在明朝初年废科举十年之久，但后来，他不仅恢复科举考试，还扩大取才额度并使考试程序进一步制度化。15世纪40年代以后，科举中选成为确保可能取得高级文官职位的唯一途径，谓之正途。明朝皇帝提倡理学，科举考试中要以程颐和朱熹的经义注疏为标准，并以这些教义作为道德伦理的基础。明朝的科举制度本是考三场，但阅卷官通常只注重初场四书义和经义。自15世纪70年代后，经义考试被限制以八股的形式为基本程式，以破题探讨其正、反的含义，然后从开始到立论进行起承转合。八股程式注重成对的陈述（每对为一“股”），通过一层层的对位的表达来陈述其论点。这样的程式使得评判更具程式化。按这样的考试程式，欲求功名的“学者只就《四书》一经中，拟题一、二百道，窃取他人文记之，入场抄誊一过，便可侥幸中试。”（钱穆，1996）[697]不过，其存在亦有其自身的合理性。这种程式化可以为评阅者提供更为客观的评判标准，以维持考试的公平性，但却背离了通过科举选拔符合儒家伦理传统者作为官员的基本理念。正因如此，八股取士制度一直为人诟病，但却维持到了科举废除之日。

科举取士之法严重影响士子的治学取向，但并不能完全主宰学术流向。明代朝廷资助大批的各类学校，其中包括武学、阴阳学以及在农村和城镇的书院。学有所成的学者在书院中不仅致力于科举考试，亦一起研讨学术。官方将程朱理学钦定为正统学说，学术界亦提倡理学。应该说，理学及心学的发端者并非不关心社会实际及政治改革。他们反对汉唐以来士子及官僚在政治上表现出的个人目的性很强的“事功”。“而他们则要把事功消融于学术里，说成一种‘义理’。”（钱穆，1996）[560]因此，反对“事功”并不意味着他们逃避责任或出世。理学家提倡的是一种以完美道德为出发点的经世和政治。他们强调天理与人欲的分辨，号召人们从个人的内省审察，以正“心术”，“而其最终目的，则仍在改进政治，创造理想的世界”（钱穆，1996）[807]。然而，“宋儒的自觉运动，自始即带有一种近于宗教性的严肃的道德观念，因此每每以学术思想态度上的不同，而排斥异己者为奸邪。这又足以助成他们党争意见之激昂”（钱穆，1996）[600]，“且过重道德，转忘所以重道德之本意，循致官场皆重小节，忽大略，但求无过，不求有功”（钱穆，1996）[601]。这些在宋代已经出现的由理学引起的弊端，在明代发展到极致。

在学术上，过于注重道德，造成了一种竟趋空疏的气象。明朝学者对实学的认识与前朝有明显不同。胡居仁称：“容貌辞气上做工夫，便是实学，慎独是要。”（胡居仁，1992）另一位大儒陈献章则称：“文章、功业、气节，果皆自吾涵养中来，三者皆实学也。”（陈献章，1992）在这样的治学宗旨影响下，明朝学者大多鄙视具体实事。这一趋势又在明朝中叶大盛于朝野的“心学”中得到更进一步的发展。心学创始人王阳明认为，知识的追求对道德的完善并不起促进作用，相反，对知识的追求反而会使“人欲愈滋”，造成“才力愈多而天理愈蔽”的负面效果。（王守仁，1992）[28]在这样的政治和学术氛围中，心学对西学传入的影响方式非常复杂。

明朝末年，社会秩序濒临崩溃，儒家学者试图恢复传统的儒家行为规范，并倡导“实学”以期经世，应对困局。这将早已出现的对理学和心学空疏一面的反动推向高潮。人们重新对科学知识和技术感兴趣，明朝的大多数科学技术书籍是万历年以后成书的（樊洪业，1992）[90]。对实学和科学技术的重视使得传教士引入的西学中与此相关的内容备受关注，这是西方科学技术得以在中国传播的一个条件。近年来，有学者开始讨论心学对西学传播所起到的正面影响。实际上，心学的认识论很可能使得当时的学术思想更为活跃与开放。王阳明说，“满街人是圣人”（王守仁，1992）[116]；“良知良能，愚夫愚妇与圣人同”（王守仁，1992）[49]。这实际上促成了部分学者在思想上对儒家经典的解放。正缘于此，王学流脉中可以产生李贽（1527—1602）

这样“离经叛道”的人物[1]，来华传教士并没有因未受过儒家传统教育而被明末士大夫们所贬抑，有的传教士甚至会被冠以“西来孔子”的美名。心学始祖陆九渊曾说过：“东海有圣人出焉，此心同也，此理同也；西海有圣人出焉，此心同也，此理同也；南海、北海有圣人出焉，此心同也，此理同也。”（黄宗羲，1990）这种说法成为传教士的宗教教义和学术知识能在中国传播的理论基础。李之藻、熊明遇等热心传播西学的学者曾反复引用此语，而另一位积极传播西方数学知识的学者徐光启（1562—1633）正是出身于心学。由此可见，心学亦对西学东渐起到了促进作用。

清朝帝王虽非汉族，但他们从一开始便自觉地接受儒家传统，将理学作为正统文化。不过，清代文化取向与明代相比仍有一定的区别。入清之后，明朝遗民学者们开始深切反思明朝灭亡的原因。他们中很多人将明亡归咎于佛教和道教对儒学的影响，为了清除渗入儒学中的异端内容，他们试图重新恢复古代经典，并由此恢复儒家社会的秩序。这很可能正是清朝初年诸大儒提倡考据之学的缘由。对于他们来说，儒学本身是完美的，并不需要外来的学术或宗教的辅助。因此，在拒斥佛、道二教的同时，他们也不会对天主教抱任何幻想或希望。他们从夷夏之辨的角度重新审视传教士传授的西学，万历年间开始的反天主教的活动一直延续下来。

为了恢复儒学的原貌，一些清初学者将很多精力投入考据研究，他们并没有将自己置于理学或心学的对立面。顾炎武自视为理学家，而黄宗羲并不讳言自己的心学渊源。顾炎武称“经学即理学”。同时，他每论一事必广求证据，且不以孤证自足。这种无征不信的治

① 关于李贽和王学的关系，参见《李卓吾评传》（容肇祖，1936）。

学态度后来成为清朝汉学派学者的金科玉律，顾炎武因而被视为汉学派的先驱[①]。黄宗羲则开乾嘉学派的另一研究趋向。他是心学派的嫡传，却对心学进行修正，写成《群经辨疑》这样的考证著作。身经明、清交替并以遗民自居的黄宗羲试图通过历史研究探讨明朝灭亡的原因，这对乾嘉学派产生了重要影响。

到乾嘉时期，有些经学家转而专注于章句训诂，其研究的政治性和思想性均趋淡漠。造成这种局面的原因是多方面的，其中很重要的一条是乾嘉学者们所处的环境已迥然不同于清初的动荡不安。清初明朝诸遗老身经明朝的灭亡过程，目睹过亲友遇难的惨状，并不同程度地参与了反清的活动。他们对明亡的反思异常深切，对史学和经学的探讨均以恢复儒家传统及“经世致用”为目的，由此衍生出思想深刻的成就。切肤之痛使他们很难在研究中迷失方向或忘却目标。乾嘉时期则不然，清朝处于鼎盛时期，可谓社会安定，经济繁荣。历经近百年的清朝统治，汉族学者们的反清思想已渐渐淡漠，满、汉矛盾日趋缓和。同时，随着政权的巩固，清朝统治者放弃了早期对汉族学者的较为宽纵的怀柔政策，而变为厉禁所有触及其统治正统性的研究，这引发了大量的文字狱，使得与反思明朝灭亡及夷夏之防等相关的研究成为“禁地”。在此环境中，乾嘉学者的经世思想亦变得相对淡泊。经过近两代人的努力之后，经学研究已经非常深入，由此引发出一些更为专门却亦更为琐细的问题，一些学者陷于对这类问题的思索而将考据与恢复传统儒家理论（甚或建立新的儒家理论）的手段转化为研

① 支伟成称：“明季遗儒，越在草莽，砥砺名节，耻事新朝，相率刊落声华，专治朴学。惩明儒之空疏无用，其读书以通大义为先，惟求经世之务，因痛宗社之变，则好研究古今史迹成败，地理山川厄塞，以为匡复之图。”（支伟成，1986）。

究目的。朝廷组织的大型编书活动为经学家们提供了一定的生活保障及研究素材。搜遗考校一时成为显学。

乾嘉学者对经学的研究不及清初学者那样有思想，专注训诂使得他们的工作看起来更为沉闷和琐屑。但不可忽视的是，他们的研究更具学术性，其研究方法也更为专业化。考据学派对于中国文化影响深远的成就汇聚于《四库全书》的编纂中，这得到了清朝帝王的支持。

清朝各代帝王自幼接受严格的儒家经典教育，支持搜集、整理各类汉文典籍及编撰出版《古今图书集成》和《四库全书》这样的大型丛书。《古今图书集成》编成于1706年，后经重新编校，于1728年印制完成。全书10 000卷，分历象、方舆、明伦、博物、理学、经济6个汇编，6 109部，约1亿6 000万字。该书采集广博、内容宏富，但书中资料多为征引前人类书，且校核粗疏，甚至有任意删节之处。乾嘉时期，汉学家们一面研究经史，一面将旧类书中散见的各种古籍搜辑成帙，辑佚风气“披靡一时”（郭伯恭，1992）[2]。这样，类书《古今图书集成》已与当时的学风不能相侔。1772年，乾隆帝下诏：“康熙年间，所修《图书集成》全部，兼收并录，极方策之大观。引用诸编，率属因类取裁，势不能悉载原文，使阅者沿流溯源，一一征其来处。”有鉴于此，乾隆帝要求及时采集“古今来著作”，以使“四库七略，益昭美备，称朕意焉”（郭伯恭，1992）[6]。这一广收书籍的结果便是大型丛书《四库全书》的成功编修。这套丛书收入书籍3 503种，79 330卷。虽然乾隆帝借搜访遗书而大事毁弃对其统治不利及触及清朝忌讳的书籍，造成了很多古书失传①，但很多典籍在《四库全

① 关于《四库全书》编纂过程中禁毁图书的情况，参见《四库全书纂修考》（郭伯恭，1992）。

书》的编修过程中被保存下来。众多经学家参与了丛书的编撰工作，精心选择善本，并做精细详备的校勘考证，为后世研究及复原古代科学技术成果打下了基础。

三、传统的科学技术

科技史界一般认为，中国古代科学技术在宋元时期达到发展高峰。明清传统科学技术鲜有重要的发现和发明[①]，但亦有一些进步，在数学、天文学、农学、医药、纺织、瓷器、航海、机械等领域呈现不同的发展特征。

各门类的技术在明清时期得以传承并有所进步，能够满足明清农业社会的需求。例如，瓷器制造技术达到最高峰（叶文程　等，1991），束综提花织造技术相当完备，种类繁多的精美瓷器、丝织品和茶叶等产品依然在国际市场上有很强的竞争力，远销亚洲、欧洲、非洲等地。15世纪，郑和率领庞大的船队远航西太平洋和印度洋，到达亚洲和东非的30多个国家，体现出航海和造船技术的高超水平。明朝军队兼用冷兵器和管形火器[②]，有能力抵御周边国家和地区的军事

---

① 在此，我们用“传统科学技术”称中国古代延续下来的科学知识和技术，以区别于传教士传入的欧洲知识以及近代科学革命与工业革命以来的科学技术。

② 在10世纪后期，有人利用炼丹家的发现成果，制成火药。《武经总要》（1044年）记载了火药武器。13世纪中后期，在南宋火器的基础上，元朝制成金属火铳，使管形火器实现了由竹枪到金属枪的转变。带有“大德二年”（1298年）字样的元朝铜火铳是迄今发现的最早的铜火炮（钟少异　等，2004）。13世纪，蒙古人大规模西征，并把火药、火器技术带到阿拉伯地区和欧洲（von Romocki S J，1895）（有马成甫，1962）。

威胁，然而，欧洲制造出火绳枪和佛郎机[①]，火器技术已经超过中国并影响世界。此时，除了人痘接种术[②]，中国人几乎没有为世界贡献重要的发明创造。

农业被历代王朝视为国家的根本，也是朝廷税收的重要来源。明朝初年，朱元璋为了恢复和发展农业，鼓励农民开垦荒地，并给予垦民一定的扶植和免税待遇，这些政策促进了农业的发展及社会的稳定。明清时期除粮食生产基本保持增长趋势外，经济作物在种植的类别和面积上也都持续增加。明清时期促成农业生产增长、粮食亩产增加的技术因素，可主要归结为集约化程度提高、复种增加及新作物的引进和推广这三项。农业机具的应用、堤垸田的维修和河道塘浦的疏浚等方面的技术改进也发挥了重要作用，但少有创新之处（董恺忱　等，2000）。

农业机具在整地、播种、中耕除草、收获贮藏、农产品加工、灌溉和运输等方面都发挥着不可或缺的作用。宋代经济中心向江南转移，因耕地不足而追求提高单产，精耕细作的技术水平进一步提高，机具的制造也随之发展，出现了一些新型或改良型的机具。宋元时期农业机具发展到能适应精耕细作及多熟种植的成熟阶段，《王祯农书》中记载的农业机具多达105种（陆敬严　等，2000）。明清两朝基本上是沿用以前的技术并做局部的改进。在农具为适应家庭生产而趋于小型化的同时，有些机械却呈现大型化、广泛应用趋势，如由单

① 火绳枪，一种长管的枪，有效射程一般不超过150米，其发射操作较为复杂。佛郎机，由葡萄牙人传入，是一种船用的后膛炮，其炮管较长，子炮装在炮腹内，能连续施放。

② 中国人发明的人痘接种术在康熙年间得到官方推广，后来还启发英国人琴纳（Edward Jenner）发明更为安全的牛痘接种术。

个大水轮同时驱动碓、磨、碾等装置，筒车大型化并被推广到黄河流域，风力水车向北部沿海地区推广。虽然农业机具少有创新，但已满足当时农业生产的需求。

与农业技术相比，数学、天文学等学科则在明清时期发展缓慢，甚至出现倒退现象。明朝初年，科举考试中兼试算学，要求“通于九法”（夏原吉，1962）[卷55：6b—7a]。所谓“九法”，即取材于《九章算术》。1392年，朱元璋命：“学校生员，兼习射与书、数之法……数习《九章》之法，务在精通。俟其科举，兼考之。”（夏原吉，1962）[卷216：3a]但这一制度在“宣德、嘉靖以后不复举及”（李俨，1998）。朝廷对数学的倡导似乎并没有实际效果，因为到明代中、晚期，官方数学教育的主要教材《九章算术》已少有流传。16世纪，程大位和徐光启虽然知道该书的基本内容，却无缘得见（郭世荣，2002）。

中国历史上多数出色的数学家并非官方教育机构培养出来的。单从数学成就来看，明朝非官方数学家的工作确实无太多可供圈点之处。中国传统数学源远流长，在算术、代数、几何等各方面都有出色的成果，其发展顶峰出现在宋元时期。到明朝，传统数学明显衰落，大多数数学著作虽有传本，却难得一见。传统数学中最出色的成就，如高次方程数值解法的增乘开方法、设未知数解方程及多元高次方程组的天元术和四元术等，已无人能懂。16世纪，顾应祥对天元术的无知妄议就是当时传统数学衰落的一个著名实例。

顾应祥在其所著《勾股算术》（1553年）的序中说自己自幼喜欢数学。1550年，他写成《测圆海镜分类释术》，阐释元朝数学家李冶的《测圆海镜》。在《测圆海镜》中，李冶以天元术的方法构建出直角三角形及其内切正方形和内切圆的运算系统[①]。顾应祥不能理解天元术，删掉了李冶书中含天元术的术文[②]。虽然如此，顾应祥对数学研究的认识仍值得认真分析。他指出，《九章算术》中所含的内容都只是数学的功用（阮元，1843）[卷30：3b—4b]。从内容来看，书中蕴含的只有乘、除运算及乘方、开方和求方程数值解等方面。在《弧矢算术序》中，他进一步指出，一些数学著作没有讲清其中数学方法的"所以然之故"。半个世纪之后，徐光启以同样的理由批评中国古代数学著作。人们通常将明末之后中国数学家表现出来的理论化倾向完全归因于欧几里得几何学传入的影响，但事实上，这一倾向在明朝学者们的数学研究中已有所体现，他们对数学自觉的理论化追求很可能受到了理学治学取向的影响（田淼，2005）。

相对于学者的数学研究，明朝民间的数学研究似乎更为活跃[③]，出现了很多数学著作，其中影响较大者为吴敬的《九章算法比类大全》和程大位的《算法统宗》。这些民间数学家的著作中，亦不包括宋元时期的天元术、四元术、增乘开方法等出色的数学成果。相比之下，同时期的欧洲数学确实在很多方面较中国数学优越。不过，欧洲数学之所以能在中国传播，主要是缘于它是修订历法的理论基础。

天文学在中国文化和儒家政治体系中具有特殊的地位。儒家主张"天人合一"。中国自古就有记述灾异的传统。到汉代，人们"用了阴阳五行的学说来整理灾异的现象，使它们在幻想中成为一

① 所谓天元术，即利用设未知数解高次方程的方法。

② 从顾应祥所著《测圆算术》（1553年）的序中，我们可以发现，他是因为不能理解天元术而删去有关天元术的部分的。

③ 学者们普遍认为，明朝江南地区商业贸易的发达促进了当地数学的发展。

种极有系统的学问”（顾颉刚，1978）。虽然日食、月食、彗星、流星等天文现象对农业生产并没有直接影响，但被认为是不正常的天象，与水灾、旱灾、冰雹、大风等直接影响农业生产，造成物质损失的自然现象一样被列入灾异的行列，并被赋予了同等的意义（徐凤先，1994）。帝王，也称“天子”，作为天、地之间的唯一调节者，通过观测天象预知地上事物的发展，通过制订历法维持人间生活与天地循环之间的协调。这也表明了皇权的合法性。

不过，天人合一理论可能也是儒家士大夫试图抑制皇权的一个策略[1]。通过天人合一，可以实现君臣间的良性互动与互相监督。了解了天文历法在中国古代政治中的象征性意义，我们就可以对明清学者抵制欧洲传教士主持历法改革的原因有更清楚的认识。同时，我们也可以理解，为什么在社会危机四伏的明朝末年，崇祯帝要下令改革历法。实际上，越是在皇朝的末叶，象征皇室合法性的事务才会更加引起帝王和社会的重视。

明朝的《大统历》因袭元朝郭守敬等人制订的《授时历》。尽管《授时历》是一部很好的历法，但它在260多年里未曾有过质的修订。到了明末，由于误差的积累，天象预测失误的记载常见于史册。例如，1592年的一次月食，钦天监的推算竟然差了几刻；1629年，钦天监预报日食再次不准，崇祯帝震怒，传旨申饬[2]。钦天监官员连中国传统历法的计算体系都搞不懂，既不能保证今后能给出准

---

① 皮锡瑞曾给出如下解说：“当时儒者以为人主至尊，无所畏惮，借天象以示儆，庶使其君有失德者犹知恐惧修省。……后世不明此义，谓汉儒不应言灾异，引谶纬，于是天变不足畏之说出矣。”（皮锡瑞，1927）

② 在天人合一理论中，太阳是与地上的帝王相对应的，故日食对于朝政有非同一般的象征性意义。中国历朝历法首重对日食、月食的预测。

确的预报信息，也不能修改历法。礼部官员遂建议请来自欧洲的耶稣会传教士参与改革历法，传教士借此在朝廷支持的事业中找到立足之地。

16—17世纪，中国学者编写了一些学科性或综合性的论著，如《算法统综》《本草纲目》《天工开物》《农政全书》《徐霞客游记》等。其中，李时珍的《本草纲目》（1596年刊刻）总结了前人的本草论著和他自己的经验，记录了1 800余种药物，还发展了本草分类体系（罗桂环　等，2005）；宋应星的《天工开物》（1637年刊刻）被后人誉为“农业和手工业技术百科全书”，而书中记载的绝大多数技术都是明朝以前就存在的；徐光启的《农政全书》（1639年刊刻）以元朝的《王祯农书》所记载的技术为主体，还收录了他和传教士熊三拔（Sabbathinus de Ursis，1575—1620）编译的《泰西水法》。然而，这些书籍在创造性方面与同时期伽利略、牛顿等欧洲学者的著述差距甚大。

正是在这样的历史阶段，来华传教士带来了欧洲的科学和技术。那么，西学在中国是如何传播的[①]，能否引起中国知识的“革命”呢？这正是下一节讨论的问题。

---

① 明清时期，西学由哪些学科构成呢？自中世纪起，欧洲教会大学主要传授的学问有算术、音乐、几何、天文、修辞、辩证法和文法，其中前四科在当时被认为属于数学科学。艾儒略（Julio Aleni，1582—1649）撰写的《西学凡》（1623年），介绍了欧洲的文、理、医、法、教、道六科，其中理科包括逻辑学、自然哲学、形而上学、数学和伦理学。由此可以理解西学的基本范围。

第二节　欧洲向中国的宗教扩张与西学东渐

15—17世纪，欧洲船队开辟通向各地的航线，将世界带入大航海时代。这个时代又称地理大发现时代，是欧洲扩张及知识全球化初萌的时代。郑和的船队进行了跨越印度洋的航行，而欧洲人的船队航行到了中国沿海。1514年，葡萄牙人的一支船队到达珠江口沿岸，要求登陆贸易，未获明朝官方批准。1517年，葡萄牙国王使者托米·皮雷斯和护送他的8艘船到达广州河口，想尽力与明朝建立官方友好关系，但仍未有实质性进展。葡萄牙国王还曾派使节到北京以示友好和诚意，但所提的贸易要求仍被拒绝。1521年，明武帝朱厚照去世后，朝廷将葡萄牙使团逐出北京，随后派兵驱逐了占据屯门的葡萄牙人，战斗中使用了仿制的欧洲火炮。1553年，葡萄牙人终于获得在澳门的居留权，这里成为欧洲人在中国的首个落脚点和贸易港。

一、以科技助力传教

欧洲天主教会努力寻找进入中国传教的机会，当时在欧洲科学和教育发展中扮演重要角色的耶稣会士们在这方面取得了明显成效。早在耶稣会得到罗马教廷的书面认可之前，其亚洲传教事业就现出曙光。1540年，在葡萄牙国王约翰三世（John III）的敦请下，耶稣会最早的成员之一沙勿略（St. Francis Xavier，1506—1552）从罗马来到里斯本。1541年，沙勿略以“教皇特使”的身份赴亚洲处理东方天主教事务。1552年8月，他来到广州附近的上川岛，同年12月病逝于岛上。他虽然未实现进入中国内陆的愿望，但总结了自己在日本传教的经验，提出了“适应”的传教策略，发现学识丰富、道德高尚及精通科学是赢得东方人尊重的重要素质（张铠，1997）[81—109]，这为耶稣会士争取久居中国提供了法宝。

1577年，东印度耶稣会士巡察使范礼安（Alessandro Valignano，1539—1606）来到澳门。在其致耶稣会总会长的信中，他指出进入中国唯一可行的方法，就是调整他们的策略，采取一种与迄今为止他们在其他国家完全不同的方法（邓恩，2003）[3]，也即“适应”的传教方法。根据范礼安的指示，罗明坚（Michele Ruggleri，1543—1607）开始学习中文，在借商贸之机赴广东时，了解中国的礼仪，这样的做法收到了良效。当然，并非所有耶稣会士都赞同采取适应的策略。1582年，罗明坚和巴范济（Francesco Pasio，1551—1612）向明朝地方官员赠送欧洲钟表等礼物，赢得了礼遇和在广东肇庆居住的机会，但不久又被遣返澳门①。半年之后，罗明坚再次得到两广总督的批准，至广东肇庆定居。1582年9月，罗明坚和利玛窦（Matteo Ricci，1552—1610）到肇庆传教。利玛窦确信，他们“所花费劳动的成果要取决于搞好与当权者的关系，因为这些人有权批准启人疑窦的一桩事业”（利玛窦，1983）[427—428]。

利玛窦在1571年入耶稣会，1572年进入耶稣会罗马神学院学习

---

① 罗明坚为此赠送给广东总督一架自鸣钟和一个三棱镜（沙百里，1998）。

修辞学和哲学，1577年到葡萄牙的科英布拉大学继续学习①。他成功地落脚于肇庆并进行传教，1589年移居韶州。鉴于儒学和学者在中国的重要地位，利玛窦认真钻研儒学，而不张扬传教的目的②，以博得学者们的好感（利玛窦，1983）[663]。他甚至按照中国士大夫的形象，设计自己在欧洲的身份："从幼慕道，年齿逾艾，初未婚娶，都无系累。……先于本国，忝与科名，已叨禄位。"（徐宗泽，1990）他还巧妙地解释儒家经典，找到其中与天主教教义的结合点，并借用儒学的概念来翻译天主教教义③，争取中国人认同天主教。一个具体的例证是他将天主教的"GOD"译为"天"或"上帝"。利玛窦采取同样的"适应"策略，或者说"合儒"策略传播科学知识。例如，他于1584年绘制了中文版世界地图——《坤舆万国全图》（梁家勉，1981），

---

① 关于利玛窦所接受的教育，参见*Euclid in China*.（Engelfriet P M，1998）。

② 利玛窦在寄往欧洲的回信中称："我想我们将不再开放教堂了，而只开放一所讲道的屋子。我们私下在一个礼拜堂举行弥撒，尽管我们接待来访者的客厅在目前可做弥撒，因为通过谈话要比举行公众崇拜仪式上的讲道，传布得更多而且成果更大。"（谢和耐，1989）在华耶稣会士的这种传教方式并不违背耶稣会的章程。尽管利玛窦小心翼翼地掩藏来华的真实目的，但还是有人怀疑他的真正意图。李贽猜测道：利玛窦"意其欲以所学易我周、孔之学，则又太愚，恐非是尔"（李贽，1975）。由于对中国正统文化有太强的信心，李贽无法相信耶稣会士真的试图以他们的学说来取代儒学。

③ 例如，利玛窦在《天主实义》中大量引用中国经籍中的词汇、典故及儒家理论，该书在反对佛学的中国学者中颇受欢迎。他在《交友论》《二十五言》《畸人十篇》等书中所阐述的道德规范与理学家的道德准则的宗旨若合符节。耶稣会士们可能真的相信能够在中国古典文献中找到有关上帝存在的蛛丝马迹，这也是引起欧洲学者重视中国经典文献的一个原因。相较而言，利玛窦对佛教理论就不够重视。当时，中国学者和士大夫普遍对佛教教理抱有轻视或反感的态度。1587年万历帝还应礼部之请，禁止士子在科举考试中引用佛经。耶稣会士敏锐地抓住这一契机，向佛学开战。如此，一方面可以博得儒家学者们的好感；另一方面，可以削弱佛教与天主教的竞争力。

将明朝置于地图的中心，以迎合中国为天下中心的观念（樊洪业，1992）[14]。利玛窦以过人的才智赢得了许多人的尊敬①，甚至颇有一副儒家学者的气派。

然而，耶稣会士并不能完全靠他们的儒学修养让中国士大夫信服。实际上，他们所传授的科学、技术和艺术等知识更能唤起士大夫们对欧洲文明的兴趣②，而使他们最初得以在北京立足的，则是他们进贡给皇帝的奇特礼品。1598年9月，利玛窦随南京礼部尚书王忠铭初次踏入北京，却未能落脚在都城，只好返回南方。两年多之后，利玛窦再次北上。他与庞迪我（Diego de Pantoja，1571—1618）历尽艰辛，在1601年1月来到北京，第二天就将一批礼品作为贡物呈献给万历帝。万历帝非常喜爱两架钟表和一架西洋琴，派太监去向利玛窦和庞迪我学习调节钟表和演奏西洋琴的方法。同时，万历帝还对利玛窦和庞迪我产生了好感，派太监问他们是想做官还是想封爵。他们当即回答：不愿为官和承袭爵位，“只想在皇帝的恩准下，在北京住下来，修炼上帝的法律”（张铠，1997）[80]。太监们也唯恐自己调节不好钟表，于是竭力促成此事。很可能基于这个原因，利玛窦和庞迪我幸

① 对于士大夫来说，他是学识丰富、道德高卓的谦谦儒者；对于想参加科举考试的举子来说，他讲解的记忆技巧有助于科场竞争；对于求财者来说，他被看作是点石成金的炼金术士；对于好奇心强的人来说，他展示了欧洲的奇珍异品和异域知识。

② 美国现代耶稣会士邓恩（George H. Dunne，1905—1998）并不否认这样的事实，他称：“许多有价值的友谊，是因为利玛窦的声誉和其他传教士教授新的科学真理而赢得的。许多对于宗教教师可能会持冷漠态度的中国学者，面对一位著名的科学大师时，利玛窦的力量却是不可抵御的。这样的事情是经常发生的，即如果在科学方面有了共同兴趣的蓓蕾，就很容易开出共同信仰的花朵。即使圆满的结果没有成为现实，至少能为信仰赢得富于同情心的帮助与保护。”（邓恩，2003）[30]

运地获准在北京居住，且可以出入紫禁城。这极大地提高了二人的地位，并使他们有机会在北京影响上层人士①。

由于利玛窦等人将大量时间用于传播科学、哲学及其他世俗事物上，在华耶稣会士似乎一直遭受其他修会及该修会内部一些传教士的批评。在利玛窦一再要求耶稣会罗马总部向中国派遣精通天文历算的传教士及寄送相关书籍的同时，龙华民（Niccolò Longobardi，1559—1654）上书罗马耶稣会总会长，请求摒弃利氏的传教方式，采取激进的传教策略，并称："从兹以往，请勿再寄几何用具、钟表与算术书本，只惠寄耶稣像，圣托马斯《超性学要》，圣教历代圣师之作品足矣。"（罗光，1982）[59]。利玛窦去世后，龙华民接替他负责耶稣会在中国的传教事务，耶稣会士们开始对传播科学和世俗知识显得消极、保守。此后一段时间内，主要是熊三拔参与传播欧洲科学技术。当徐光启向熊三拔了解欧洲水利技术时，熊三拔表现得非常犹豫（徐光启，1965a）。经过一番努力之后，熊三拔终于同意为徐光启讲授欧洲水利知识，二人后来合译了《简平仪说》和《泰西水法》。

天文学在传教士传播西学的过程中，也发挥了不可或缺的作用。1598年，王忠铭提出带利玛窦到北京参与历法修订工作（利玛窦，1983）[272]，这使利玛窦意识到天文学、数学知识可能帮助他立足北京。后来，他凭借自己的学识和欧洲的相关资料，数次做出比钦天监更为准确的日食、月食预测。不过，他对推算行星位置和轨道运转却感到力不从心。在北京立足之后，他多次吁请罗马耶稣会总会长

① 1605年，在北京皈依天主教的中国人有100余人，加上南京、南昌和韶州三个会院的归化者，中国信奉天主教的人数已达1 000人（利玛窦，1986）。

及教廷向中国派遣精通天文学和数学的传教士，并反复申明此举的意义[①]。其实，耶稣会并不缺乏历法改革的专家。耶稣会罗马神学院的克拉维斯（Christopher Clavius，1537—1612）就是当时欧洲最重要的数学家和天文学家[②]之一，他曾参与格里高利历的制订，并编撰了多部数学、天文学方面的著作，对利玛窦有较大影响。耶稣会士金尼阁（Nicolas Trigault，1577—1628）在1613年回欧洲向罗马教廷报告传教情况时，积极宣传利玛窦和其他在华传教士们的功绩，这引起了欧洲的关注，大批年轻传教士申请赴华。于是，1619年金尼阁率领十几名耶稣会士再次前往中国。与他同行的邓玉函（Johannes Schreck，1576—1630）[③]、罗雅谷（Giacomo Rho，1593—1638）、汤若望（Johann Adam Schall von Bell，1592—1666）等人都有较高的科学造诣，应该是利玛窦所期待的人才。他们带来了在欧洲募集的7 000余部书籍及望远镜等仪器，其中许多科学技术论著在后来的制订历法和传播知识方面发挥了重要作用。

利玛窦去世后，在龙华民的主持下，耶稣会士的传教方式发生

---

① 1603年，利玛窦致函耶稣会总会长，说明中国特别需要能编历书的人，请求派一名在天文学、数学方面有造诣的神父或修士。他解释道：将欧洲的历书译成中文，然后，“我们就能接手修历的工作。修历的工作将会提高我们的声誉，还会让我们有更多的机会进入中国，给我们的安全、自由带来保障”（邓恩，2003）[192—193]。

② 关于克拉维斯的天文学与数学研究，参见Lattis和田淼的论著（Lattis J M，1994；田淼，2005）。

③ 邓玉函是来华耶稣会士中最出色的科学家之一，他在医学、博物学、数学和自然哲学等方面均有造诣，掌握多种语言。他大约在1622—1623年间编译一部人体解剖学书籍，介绍维萨留斯及其以后的解剖学新成果。书稿后来经过毕拱辰校改，取名《泰西人身说概》。金尼阁在欧洲招募耶稣会士时，邓玉函决定来华。他在欧洲为中国传教事业收集了大量书籍及科学仪器，包括后来带到中国的一架望远镜。

很大变化，即由注重面向上层人士传教，转为面向平民传教，以期短时间之内在中国掀起一场轰轰烈烈的传教运动。高一志（Alfonso Vagnoni，1566—1640）则更为激进，他竟在南京公开宣讲福音书并定期举行礼拜仪式，这引起南京礼部官员及一些学者的强烈不满。1616年，南京侍郎沈榷连上三折，历数传教士之罪及传教可能带来的危害。他在奏疏中不仅指出天主教徒对政治和社会秩序的危害，还批驳传教士介绍的欧洲宇宙论，并批评礼部希望传教士参加历法修订的奏折①。1617年2月，万历帝谕令礼部驱逐传教士，将他们遣回澳门。金尼阁、邓玉函等耶稣会士只能在澳门等待进入内地的机会。传教士们意识到传教的复杂性、科学的特殊作用以及中国官方许可的重要性。他们大多从激进的传教方式转为重拾以传播科学技术辅助传教的策略，连龙华民也转而参与传播科学知识②。

后来，传教士们能够在内地恢复活动与明朝面临后金的严峻挑战及动荡局势有关。1616年，努尔哈赤建立后金，对抗明朝。1619年，明朝军队在萨尔浒之战败给努尔哈赤的军队，震惊了朝廷。徐光启建议购买西洋火炮，并和李之藻等人捐款购炮。1620年9月，徐光启受命训练军队，防御京城。他主张从澳门购买性能更优越的西洋火炮（马楚坚，1996），并寻访传教士帮助造炮和训练炮手。借此机缘，耶稣会士得以重新在内地公开活动。大约在1623年，汤若望开始

---

① 《破邪集》中收入了沈榷的三篇奏稿。《明史欧洲四国志注释》中也收入了专文。有兴趣的读者可参阅相关史料。张维华称："沈榷、晏文辉等疏文，其思想目光，均是代表当时之情形，未可以今日人之所共识者论之。"（张维华，1982）。对于"南京教案"的起因，我们确实需要认真分析，而不能仅站在事后者的立场上去简单地评论当事者的功过。

② 龙华民于1624年撰《地震解》一卷。

参与明朝制造火炮的工作。1626年，明军将领袁崇焕（1584—1630）在宁远大战中使用西洋火炮，以少胜多，鉴证了欧洲火炮的威力。三年后，徐光启任用邓玉函、龙华民帮助改革历法，耶稣会士终于有机会跻身明朝的天文机构，实现了利玛窦的心愿。邓玉函去世后，罗雅谷和汤若望先后于1630年和1631年奉命参与修历，并最终完成《崇祯历书》的编纂。传教士以“技艺”专长服务于朝廷的天文和造炮等机构，从而又一次在中国立足，推动传教事业。这样，中国与欧洲共享的科学技术将天主教与中国政权力量联系起来。

二、西学东渐的波折

1644年6月，清军攻占北京，汤若望主动上疏摄政王多尔衮，表示要进呈新的历法和仪器，愿为清朝效力。7月底，汤若望献上依《崇祯历书》改编的新历书和欧式天文仪器。同年12月，汤若望被顺治帝下旨授为钦天监“掌印”，监中的进历、占候等一切事务均听其令举行①。1645年1月，汤若望成为钦天监的主持人。他也是当时能够阐释《崇祯历书》的唯一权威。清朝对传教士较为宽容，似乎得到皇帝的批准可以在全国公开传教已指日可待。其实，事情远没这么简单。作为钦天监“掌印”，汤若望只得做自己不擅长的每日举行的各种祭祀及人类活动吉凶的预测，这类有悖于天主教教义的占星工作招致其他传教士们的批评。随着个人地位的稳固，汤若望尝试将欧洲占星学引入中国民历，但这种改革与中国传统术数之学中阴阳生克的理论基础产生矛盾，因此，不能得到民间的广泛认

① 汤若望为主持钦天监事务的第一位外国人，但他未被实授为钦天监监正。关于传教士任职钦天监的情况，详见薄树人的文章（薄树人，1978）。

同[①]。这为第二次全面禁止天主教埋下了伏笔。

耶稣会士在清朝钦天监取得了绝对的优势，但在学者和士大夫中的影响较明朝末年反而减弱。自明末以后，学者和士大夫阶层更清楚地认识了传教士来华的目的和策略，反感利玛窦曲解儒家经典和古代文献中的模糊内容，以使其与天主教相容的做法。杨光先（1597—1669）就是一个典型的例子。清朝建立后，他不断向传教士发难[②]，矛头直指传教士的保护伞，即在钦天监拥有较高地位的汤若望。1661年，重用汤若望的顺治帝驾崩。三年后，杨光先以潜谋造反、邪说惑众、历法荒谬为由，上折参劾汤若望。为了击垮传教士，他写出《西法十谬》，指责汤若望在制订历法方面的问题。值此关键时刻，天象预测帮了杨光先的忙。按旨意，汤若望与杨光先的支持者何雒书需分别依西法和旧法推算出1665年1月16日的日食时刻及其过程。届时会验，汤若望依西法推算的结果与天象全不合，而何雒书依旧法推算的结果有八分合（阮元，1843）[卷36：3b—4b]。当年4月，朝廷判汤若望有罪，拟处决汤若望、南怀仁（Ferdinand Verbiest，1623—1688）[③]及部分钦天监学者，史称“康熙历狱”。适逢北京地震且出现异常天象，汤若望及南怀仁等被赦出狱，第二年，汤若望病故于寓所。除在钦天监工作的数名耶稣会士外，朝廷尽数驱逐其余传教士。

此后，杨光先被指派主持钦天监工作。然而，他并不擅长天文

---

① 关于汤若望对民历的改革及其引起的后果，详见黄一农论文（黄一农，1998）。

② 1659年，杨光先写出《摘谬论》，上书礼部攻击天主教教义及西洋历法之谬误。此后，他又刊出《辟邪论》及《不得已》批判天主教。他的这些论著在当时广为流传，颇有影响。

③ 比利时耶稣会士。1658年，他随卫匡国（Martino Martini，1614—1661）的传教组抵达澳门。1660年，到北京钦天监协助汤若望。

历算，也找不到传教士工作的真正漏洞①，只能依赖吴明烜等旧法学者。1668年12月，南怀仁奏报吴明烜所推算的七政历、民历有严重错误。年轻的康熙帝令大臣会同杨光先、南怀仁等共同以实测来验证历法。1668年12月底和1669年2月的观测使传教士的命运有了转机。由于杨光先、吴明烜等所做的推算与实测不符，而南怀仁据圭表观测和西法所做的推算皆与观象台的实测一致，这使南怀仁重新赢得康熙帝的信任。1669年4月，康熙帝下旨任命南怀仁负责“治理历法”，耶稣会士重获钦天监的领导权②。南怀仁告诉他的欧洲教士们：“我们的天文学是在全中国繁育宗教的最重要的根基”；“以天文学为借口，而实际上是更清楚地证明我们的宗教的真实性”（Golvers N，1993）[55，93]。

从科学知识传播的角度来看，杨光先发动的历狱风波似乎是一场灾难。然而，任何历史事件只有放在它所处的特定环境中才能显示出其意义。耶稣会士虽然向中国传播欧洲的科学和技术，但他们的主要使命却是使中国基督教化。入清以后，传教士们在介绍其教义方面显得更为直接与大胆。他们甚至称中国人为亚当的后裔，中国的经典和文化都起源于天主教教义。这种将儒学附属于天主教的解说引起中国学者的强烈反感。传教士公开传教，广泛接受教徒的行为也引起了各地官员的疑虑和不满。从这个角度来看，我们就可以理解杨光先的“宁可使中夏无好历法，不可使中夏有西洋人”等语的意义了。这次风波之后，学者和士大夫们对天主教的戒心并未

① 南怀仁曾承认，推算日食、月食是繁重且有风险的工作。令他感到幸运的是，他们在中国人面前没有做出错误的推算（Golvers N，1993）[79]。

② 南怀仁还推荐闵明我（Philippus Maria Grimaldi，1639—1712）、徐日升（Thomas Pereira，1645—1708）及安多（Antoine Thomas，1614—1709）等耶稣会士到钦天监工作。

解除[①]。

在这个过程中，康熙帝看到了满朝大臣们对天文历法的无知，决定自己学习天文学、数学[②]等。他自称是为了裁决有关天文学和数学的问题而学习欧洲的科学知识。不过，他的学习动机似乎没这么简单。一个未道出的理由很可能是：他想成为学术方面的最高仲裁人，以增强个人的权威及赢得汉人士大夫们对清朝正统性的认同。他对儒学的理解不易达到深谙儒家经典的学术大家的水平[③]，做儒学权威是比较难的，但杨光先发动的历狱风波让他意识到自己可能在天文学和数学方面超越汉人学者和士大夫们。康熙帝的这种心态影响了欧洲科学在中国的进一步传播。

17世纪中叶至18世纪初，来华的传教士主要在宫廷中传授知识，很少与中国学者联系。这样的局面令传教士和康熙帝双方都感到满意。对于传教士来说，如果中国学者也掌握了欧洲的天文学和数学知识，那么他们便失去借以立足宫廷的长技。对于康熙帝来说，他成为唯一掌握欧洲天文学和数学知识的中国人，这可以保证他对相关事务具有绝对仲裁的地位。据白晋称，“皇上对自己成了一个优秀的几何学者感到由衷的高兴”（白晋，1981）[38]，并开始扮演科学知识的仲裁人

---

① 梅文鼎曾在诗文中表达，他想向传教士学习西洋历算，但因恐传教士由此劝其入教，故放弃这一想法（梅文鼎，1680）。

② 南怀仁、安多、张诚（J. F. Gerbillon，1654—1707）、白晋（Joachim Bouvet，1656—1730）、傅圣泽（J. F. Foucquet，1665—1741）等耶稣会士先后为康熙帝授课。洪若翰（Jean de Fontaney，1643—1710）、白晋、张诚、刘应等人在中国从事科学考察，相当于法国皇家科学院在中国设立了分支机构。有些来华传教士还与英国皇家学会、俄国圣彼得堡科学院保持着密切联系。

③ 实际上，学者们对康熙帝及其他满人的学术水平非常轻视（蒋良骐，1980）。

和传授者的角色（白晋，1981）[50]。1689年3月18日，康熙帝于江宁观星台与诸部院大臣论天文。他在登上观星台之前，特地差侍卫向传教士洪若、毕嘉（Jean Dominique Gabiani，1623—1696）询问能否在南京见到老人星，此二人详细解释了相关的天文学问题。可见，康熙帝是在做了充分的准备之后才在大臣们面前显示其天文学知识的（韩琦，1996）。1692年2月20日，康熙帝于乾清门召大学士九卿等谈音乐、数学原理、圭表测影及水的冲力等问题（马齐　等，1985），得到诸大臣的由衷钦佩。于是，康熙帝得意地对汉臣说："你们汉人全然不晓算法。"

康熙帝对天主教表现出一定程度的宽容，于1692年3月下诏允许天主教公开传教①。但是，这并不意味着他接受天主教教义。他自幼学习儒家经典，深知儒家的纲常伦理是有效统治国家的知识基础，遂努力将自己塑造成儒家传统中的圣贤帝王。此外，作为中国的皇帝，尤其是一个非汉人出身的皇帝，背离根深蒂固的儒家传统便意味着和士大夫阶层及儒家学者们的决裂，而这将对他的政权产生颠覆性的影响。白晋清楚地意识到，康熙帝一旦"对天主教和儒教的一致性稍有疑惑，就决不会许可天主教的存在"（白晋，1981）[57]。

白晋的预言终于应验了。1721年，康熙帝宣布严厉禁教，传教士的在华活动就此中断。其间的导火索是著名的"礼仪之争"。所谓"礼仪之争"主要有三方面内容，一是士人祀孔，二是家人祭祖，三是有关上帝的语义和语源学的争议（李天纲，1998）。最初，利玛窦对中国人的祀孔祭祖礼仪给出世俗化的解释，认为天主教可以接受这

---

① 1692年3月，康熙帝谕大学士等，"现在西洋人治理历法，前用兵之际制造军器，效力勤劳。近随征俄罗斯亦有劳绩，并无为恶乱行之处。将伊等之教目为邪教禁止，殊属无辜"。这种宽容算是对传教士服务朝廷的奖励。

些礼仪。但17世纪30年代以后，方济各会、多明我会的在华传教士先后因祀孔祭祖礼仪问题与耶稣会士产生争执，并各自将争论的情况和论据报告给罗马教廷。1704年11月，教皇克雷芒十一世决定禁行中国礼仪，并派特使铎罗（Carlo Thomas Maillard de Tournon，1668—1710）到中国宣布他的敕令，这引起康熙帝的不满。

为了赢得“礼仪之争”的论战，并争取罗马教廷接受中国祀孔祭祖等礼仪，在京耶稣会士于1700年11月起草一份满文奏折，请求康熙帝证明祀孔祭祖不是天主教传统中的迷信活动。康熙帝支持耶稣会士对中国礼仪的解释，并强调这些礼仪都是“无可改”的。然而，罗马教廷并不承认不信教的世俗帝王的权威。康熙帝敏感地意识到天主教与儒家传统之间产生了不可调和的矛盾，并且清楚地看出，如果解决不好这个矛盾，其政权的稳固性将受到严重威胁。在此关键时刻，他毫不犹豫地选择了儒家传统！1706年底，他急于通过李光地和熊赐履向“外面地方官与知道理者”传达其维护儒家传统的态度，表明他重视西洋人不过是利用其技艺而已。

1707年1月，铎罗在南京颁布教皇克雷芒十一世的禁令。10月，康熙帝派龙安国等4人赴罗马，陈述其对禁行中国礼仪的意见。然而，1710年9月，克雷芒十一世重申1704年的禁令。同年，康熙帝谕大学士等曰：“《朱子全书》，凡天文、地理、乐律、历数，俱非泛然空论，皆能确见其所以然之故。朕常细加寻绎，欲求毫厘之差，亦未可得。”（章梫，1994）康熙帝的态度经历了由肯定欧洲科学、贬抑汉人数学水平，到全面赞扬朱子的科学水平的转变。我们不难看出“礼仪之争”在这一转变过程中所起的作用。

1715年3月，克雷芒十一世颁布措辞更为严厉的通牒，要求传教士宣誓守禁。1721年1月，康熙帝见到该禁约的译文，做出批示：“批览此条约，只可说得西洋人等小人，如何言得中国之大理？……以后不必西洋人在中国行教，禁止可也。免得多事。”（陈垣，1973）自此，清朝基本上关闭了与欧洲人往来的大门，西学东渐跌入低谷。除在钦天监和宫中从事历算、钟表制作等工作的传教士之外，其他传教士被尽数驱逐。当然，欧洲并未完全中断与中国的交往，一些欧洲商人在广东等沿海地区继续从事贸易活动。

第三节　跨文化的科学技术传播

在欧洲科学发生革命性转变的关键时刻，欧洲与中国的科学知识相遇了，其内容正是在近代科学形成过程中具有先行和典范意义的天文学、数学、力学和火器制作等知识。可以说，欧洲科学技术“搭”传教的“车”进入明清两朝，促成一次“西学启蒙”，在某种程度上改变了中国知识传统的结构，对社会和文化产生了重要的影响。

一、技术与科学知识的传入

欧洲科学技术的传入起始于火器和计时器等技术领域。随着贸易、军事和传教等活动展开，中国接触到越来越多的欧洲科学技术知识。

15世纪，明朝军队装备大量冷兵器和部分火器，而欧洲制造出火绳枪和佛郎机，火器技术已经超过中国。16世纪，随着欧洲加速向亚洲扩张，佛郎机和鸟铳技术传入中国。大约在1510年，明朝商人或地方官员在广东、福建等地得到了佛郎机及其制造技术和火药配方（尹晓冬，2014）[34—36]。1522年，在广东新会西草湾之战中，明朝军队从葡萄牙船上缴获了约20门佛郎机，并建议朝廷仿制和推广这些西洋火器。嘉靖帝下旨，命南京操江衙门仿造葡萄牙的火炮。1524年，龙江造船厂制造的兵船就装备了佛郎机。到1530年，明朝已经大量仿制佛郎机，之后还做出技术改进。1548年，明军攻破双屿港，缴获了欧洲和日本制造的鸟铳①。明朝工匠很快就掌握了鸟铳制造工艺。

17世纪初，欧洲加农炮传入中国，这种火器后来又被中国人称为“红夷炮”。1619年，在萨尔浒之战中明朝军队败给努尔哈赤的军队，于是某些大臣建议购买西洋火炮，以增强明朝军队的实力。1620年，李之藻派人从澳门购得4门红夷炮，将之运到广州，并于第二年运至北京。试验证明，这种火炮的威力远大于佛郎机和其他旧式火器。此后，朝廷派人分批购买红夷炮，招募葡萄牙炮师，帮助造炮练兵。耶稣会士积极参与引进火炮的事务，借机重新在北京公开活动。1626年3月，袁崇焕率军用11门红夷炮抗击后金军队，取得宁远大捷。天启皇帝遂下旨大量购买红夷炮，且命令徐光启主持仿造工作。1636年朝廷设厂铸炮，并请耶稣会士汤若望和罗雅谷监造红夷炮。汤若望还在1643年完成了由他口授、焦勖笔述的《火攻挈要》②，系统

① 鸟铳就是带有点火枪机的火绳枪，装药量和射程都优于明朝火器。

② 在欧洲知识的影响下，明朝后期出现了《纪效新书》（约1560年）、《筹海图编》（1562年）、《兵录》（1606年）、《武备志》（1621年）、《西法神机》（1622—1623年）等记述佛郎机和鸟铳的中文兵书。西班牙炮学家柯拉多的《实用炮学手册》（*Practica Manuale dell Artegliera*）是《兵录》和《西法神机》的重要底本（尹晓冬，2014）[216—227]。高华士（Noel Golvers）认为《火攻挈要》与梅森（Marin Mersenne）的《兵器弹道学》（*Ballistica et Acontismologia*）和柯拉多的《实用炮学手册》有关（Golvers N，1993）[280]。

介绍了火器、火药、炮弹等的制造与使用技术及炮台的建造方法。明朝军队借助欧洲火器提升了战斗力①，但未能保持其对后金的技术优势。后金皇太极于1631年下令仿制红夷炮，但为避“夷”字而将其改称为“红衣炮”。1636年，皇太极称帝，定国号为“大清”。此后，明军在与清军的战斗中，屡战屡败，已完全丧失战斗力。清朝政权日渐稳固。康熙年间，南怀仁奉命帮助清朝制造了百余门火炮。此外，欧洲弹道知识也随着火器技术传入中国，这对火器的制造与有效使用是必需的。《西法神机》和《火攻挈要》等书都介绍了弹道知识。南怀仁在写给欧洲人的《欧洲天文学》（*Astronomia Europaea*，1687）和与给中国人的《穷理学》中都讨论了弹道知识。但自从清军平定内乱和对外作战取得胜利之后，清政府在19世纪中叶之前未再谋求火器技术的改进。朝廷不鼓励在和平时代进行军事技术上的革新。南怀仁主持铸造的火炮在1860年之前还是清朝的上等火器。

欧洲钟表是性能良好的机械计时器，大者可做座钟或挂钟，小者便于携带或摆放。如果加装特殊的报时和机械玩偶等，就成为精巧的玩赏器具。从1582年开始，罗明坚以钟表、三棱镜等奇器作为礼品，在与广东官员交往过程中取得良效，深受他们喜爱。1583年，耶稣会士获准在肇庆建天主教堂之后，每当要开辟新的教区，他们常以钟表等物品赠送官员，或者委托官员将其呈献给万历帝。利玛窦对钟表等欧洲制品的特殊用途有很形象的比喻：“这些东西都是社交所需，就像是给社会进步的齿轮里注润滑油那样。”（利玛窦，1983）[377—378] 为了适应中国的计时习惯和审美取向，他们将表盘上的欧洲24小时改

① 1661年，郑成功率南明军队进攻占领台湾的荷兰军队。尽管荷兰人的火器装备更好，但郑成功的军队运用佛郎机和冷兵器打败了荷兰人，收复了台湾。

为中国的12时辰，并配以龙形之类的装饰。明末就有中国人仿制欧洲钟表，称之为自鸣钟。入清以后，钟表逐渐成为宫廷和上流家庭的重要陈设。17世纪末的北京、苏州和广州都出现了钟表作坊。自雍正时期，清宫造办处就有制作钟表的作坊，聘用了欧洲技师和民间良匠，为皇帝制作钟表和玩赏装置等。例如，按照乾隆帝提出的设计要求，制作者试制了精致的钟表机构及附属的特殊装置，如报时玩偶、天体运动模型等，甚至还有能写字的机械玩偶（张柏春，1995）。苏州、广州的钟表产品不像造办处的产品那么华贵，只是追求实用和适度的装饰，在外壳造型和装饰等方面更多地体现中国人的审美特点。总之，钟表满足了中国富贵家庭的一种需求。

欧洲地理学也是耶稣会士开拓传教事业的敲门砖。利玛窦向中国学者介绍了世界地图、地理学等知识。他在肇庆刊印《山海舆地全图》之后，又制作了天球仪与地球仪，把铜日晷之类的仪器送给与他交往的官员（利玛窦，1983）[182]，并指导他们用星盘和其他仪器测定一些地方的地理位置，用象限仪测塔的高度和山谷的深度等。他在李之藻的帮助下，于1605年编成《乾坤体义》，讲述了关于天球和地球的知识。地圆说、世界地图等知识与中国传统的“天下”观念有很大差异，对中国学者转变世界观有所影响。

欧洲数学在辅助耶稣士传教方面发挥了特殊的作用。利玛窦先后译介了自己在罗马神学院习得的数学知识①。1606年秋，他和徐光启开始合译克拉维斯评注的《欧几里得几何原本》（15卷）（*Euclidis*

---

① 利玛窦与徐光启共译《几何原本》和《测量法义》，与李之藻合译《圜容较义》。之后，李之藻整理他随利玛窦学习的笔算知识，综合中国传统数学著作编成《同文算指》，书中介绍的计算方法与现代笔算方法非常接近。

Elementorum Libri XV，1547）。1607年，二人译成该书前六卷，以《几何原本》为名刊刻。在《几何原本》的序言中，利玛窦强调几何学以无法辩驳的实理为依据，可用于解决测量、制器、水利和建筑等实际问题，还描述了公理化演绎体系的特点（利玛窦，1965）。其实，在拉丁文底本中，克拉维斯为《欧几里得几何原本》（15卷）加注了大量的在当时较新的研究成果和具体算例（Engelfriet P M，1998）[105—114]。那些算例与中国传统数学著作中的算题非常相近，如果译成中文，会使学过中国传统数学的人产生认同感。

值得关注的是，利玛窦可能并不在意《几何原本》是否与中国传统数学知识相通①，他和徐光启删掉了算例和部分解释性的注文，但却突显了古希腊的演绎体系（Engelfriet P M，1998）[17—23]。这暗示着，传播数学知识并不是利玛窦和徐光启译书的全部动机。就徐光启而言，他"一心设法叫我们本人和我们的学识受人敬重，以推动传教。他同利玛窦神父商议，翻译几册科学书，使中国士大夫看我们怎样尽心研究学术，怎样寻求确实的理由去证明。因此他们可以看到，绝不是轻信盲从"（罗光，1982）[38—40]。可见，他们二人选译数学史上最重要的著作欧几里得《原本》，其目的不是单纯地传播欧洲数学，而是想借助中国学者对该书逻辑体系的信任，类推传教士译介的所有知识，尤其是天主教教义。这样，"科学充当了诱饵的作用"（谢和耐，1991）。

---

① 利玛窦主张以科学助传教，但对中国传统数学并不像对儒学那样有耐心。他没研究过中国历法的计算系统，却断定其预测结果"肯定是错误"的（邓恩，2003）[192—193]。他的态度似乎不难理解：耶稣会士是来传教的，不是来学习中国科学知识的；数学在中国知识系统中处于从属的地位；当时用西法预测日食、月食确实比用中国算法更为准确。

明朝已有学者对中国传统数学著作中不含对算理的阐释，及“九章”的分类法并非基于数学内在逻辑，而是以数学的功用为基础等问题提出批评（田淼，2005）。《几何原本》具有严谨的逻辑体系，且每个命题均有严格的证明。这一特点虽然与以阐释算题及其解答方法为主的中国传统数学著作，如《九章算术》，截然不同，但却与宋明理学家追寻“所以然”的治学取向一致，因而受到以徐光启为代表的部分中国学者的推崇。徐光启认为《几何原本》是度数之宗，“此书有四不必：不必疑，不必揣，不必试，不必改。有四不可得，欲脱之不可得：欲驳之不可得，欲减之不可得，欲前后更置之不可得”（徐光启，1965b）。他还曾试图以《几何原本》中的数学体系来重构中国传统数学中的相关内容。这一做法虽然没有得到数学家们的普遍响应，但《几何原本》中以“度”与“数”，即“几何”与“算数”，划分数学的内容以及数学著作须包含证明等思想在明清两代产生了很大的影响[①]。

如前所述，欧洲天文学是借历法改革之机，比较系统地传入了中国。到明末，根据《授时历》所做的日食和月食推算屡屡与天象不符。1610年的一次日食在初亏、食甚及复圆时间的推算方面均出现较大的误差，此后，改历呼声渐强。1629年6月，钦天监所做的日食预报再次失验，崇祯帝认为天象关乎社稷，推算一再出错，有失国体。此时，徐光启依西法所做的推算却完全准确，这为传教士参与修订历法带来了可能。

---

① 方中通、杜知耕、梅文鼎等清初数学家都曾尝试以该体系重新整理中国传统数学的“九章”体系。清代数学著作普遍含有对数学命题的正确性的证明或阐释，这在一定程度上受到了《几何原本》的影响。18世纪，中国传统数学得到全面复兴，但数学家对《几何原本》仍极为推崇。

1629年9月，徐光启奉旨督领修历。他提出的修历思路是“熔彼方之材质，入大统之型模”（徐光启，1963）[374]。其中，“彼方之材质”是指欧洲天文学的知识和方法，而“大统之型模”就是以《大统历》为代表的中国传统历法的基本体例。徐光启起用邓玉函、龙华民等耶稣会士制订新历法。邓玉函承担了新历法的早期编撰工作，包括设计总体方案，编写有关书籍和算表等。他病故后，罗雅谷、汤若望先后加盟修历，前者负责有关日、月、行星运行的文献编写，后者负责有关恒星、交食的文献编写。从1631年2月至1635年1月，徐光启及其继任者李天经分五次共进呈137卷有关新历法的书籍，最后汇总成一部丛书，即《崇祯历书》。这套巨著包括《历书总目》《测天约说》《大测》《测量全义》《比例规解》《恒星历指》《交食历指》《割圆八线表》和《方数表》等约46种书籍，标志着中国天文学及其数学方法由传统体系转向欧洲体系①。其主要特点有：第一，采用介于托勒密地心说和哥白尼日心说之间的丹麦天文学家第谷的宇宙体系，即地球处在宇宙的中心，太阳和恒星围绕地球运转，而五大行星围绕太阳运转；第二，引进黄道坐标系及地球经度、纬度等概念以及相关测算方法，提高了日食、月食的推算精度；第三，引进平面、球面三角学和60进位制，分周天为360度（杜升云　等，1992）。但《崇祯历书》编完后，明朝并没有立即颁行新历。新历的优劣之争持续了10年左右。清朝建立后，汤若望将《崇祯历书》删改至103卷呈献给顺治帝，顺治帝将其更名为《西洋新法历书》，成为《时宪历》的理论基础。该历法于1645年颁行。

---

① 关于《崇祯历书》中介绍的欧洲天文学知识，参见中国天文学史整理研究小组编写的《中国天文学史》（中国天文学史整理研究小组，1981）。

南怀仁负责“治理历法”之后，将第谷的仪器设计与中国的铸造工艺和龙形支撑结构相结合，同时引入欧洲的制造技术①，为北京观象台主持制造了6架天文仪器，包括黄道经纬仪、赤道经纬仪、地平经仪、地平纬仪、纪限仪和天体仪（张柏春，2000a）[167]。它们的刻度系统适应了欧洲历法所用的数学方法，精度超过了当时中国所有的天文仪器。通过制作仪器、火炮和钟表等，传教士传入了螺旋、蜗轮蜗杆、滑轮组、机械锻锤、畜力刮刀轮、刮刀、镗床、钢锯、扳手、手工驱动的车床等技术或相关知识。也就是说，工业革命前的许多欧洲机械知识都已传入中国（张柏春，2000a）[329—331]。当然，中国固有的铸造和锻造金属制品的技术在中国工匠和学者消化并吸收欧洲科学技术的过程中发挥了重要作用。

力学是16—17世纪欧洲科学革命中一个最为突出的学科，其代表人物有伽利略、开普勒和牛顿等诸多科学家。力学知识的传入主要缘于中国学者的个人兴趣，不同于官方急于引进的火炮技术和天文学。1626年末至1627年初，工程师兼学者王徵（1571—1644）来到北京吏部候选，与等待参与修订历法的邓玉函、龙华民和汤若望等传教士相见，有机会向他们请教《职方外纪》所述的奇人奇事②，并请他们帮助翻译欧洲的机械书籍。1627年2月，王徵与邓玉函一起编译了《远西奇器图说录最》（1628年刊刻），这是中国历史上第一部力学著作。全书共三卷，卷一叙述重力、比重、重心、浮力等知识，卷二叙述杠杆、天平、滑轮、螺旋等简单机械及相关力学计算，卷三为

---

① 南怀仁兼通数学和制器，曾在北京试制并演示以蒸汽为动力的小车和小船。

② 《职方外纪》（1623年）是耶稣会士艾儒略根据庞迪我和熊三拔所著的底本编译而成的一部世界地理书籍。

54幅机械样图并附有解说。值得强调的是，两位作者的志趣结合决定了《奇器图说》独特的“会通”结构。邓玉函倾向于力学理论，试图以理论解释技术；而王徵则倾向于机械技术，又因受理学影响而追求知识的“所以然”。他们试图构造一个逻辑自恰的新体系。在力学理论方面，选译和重构欧洲知识①，简化力学的数学公理化的演绎结构，舍弃原著中的数学证明，设计出类似于中国传统数学论著的表达结构。这种将力学与机械图说整合为一部书的做法在欧洲也没有先例（张柏春　等，2008）[64]。

邓玉函与伽利略交往颇多，来华后曾给伽利略写信，并在信中提及希望将伽利略的研究成果用于中国的历法改革，但未得到伽利略的回应（d’EliaPM，1960）[12—13，30—33]。所以，他在修历过程中并未介绍伽利略所做的弹道和落体研究。后来，南怀仁选择杠杆、天平、重心、比重等邓玉函介绍过的力学知识，添加到他的《新制灵台仪象志》（1674年）里，以解说或图示天文仪器的选材、设计、制造、安装与使用的道理，让读者看到力学的功用。南怀仁在书中还描述了未见于《奇器图说》的关于单摆、落体运动和弹道的力学知识（陈悦，2006），以为其监造的天文仪器提供理论基础，进而彰显清宫传教士

① 《奇器图说》的第一、二卷多取材于斯蒂文（Simon Stevin，1548—1620）的《数学札记》（Hypomnemata Mathematica... Mauritius， Princeps Auraicus， Comes Nassoviac...，1605—1608）的下册或荷兰文力学著作，以及圭多巴尔多（Guidobaldo del Monte，1545—1607）的《力学之书》（*Mechanicorum Liber*，1577）；第三卷多取材于拉梅利（Agostino Ramelli，旧译剌墨里，1531—1608）的《奇异精巧的机器》（Le Diverse et Artificiose Machine del Capitano，1588）、费冉提乌斯（Faustus Verantius）的《新机器》（Machinae Novae，1615）、贝松（Jacques Besson）的《数学仪器与机器博览》（Théatre de Instruments Mathématiques et Mecaniques，1578—1582）和蔡辛（Heinrich Zeising）的《机器博览》（Theatrum Machinarum，1612）（张柏春　等，2008）[80—81]。

的学者（非工匠）的地位。1687年，牛顿完成《自然哲学的数学原理》（*Philosophiae Naturalis Principia Mathematica*）。书中牛顿关于月亮运动等问题的一些理论和计算方法随着《历象考成后编》的编写而被介绍到中国，满足了改进历法的实际需求。然而，除了18世纪末成书的《畴人传》里有一篇“奈端”（即牛顿）小传，《自然哲学的数学原理》直到19世纪中叶才被翻译成中文[①]。由此可见，明清两朝离欧洲发生的科学革命成果的认知程度。

18世纪，尤其是“礼仪之争”之后，中西知识交流近乎中断。康熙帝一方面以“西学中源”说对自己研习欧洲科学的行为给出合乎儒家传统的解释，另一方面谋求中国在天文、数学等事务上的“自立”[②]。在认可耶稣会士继续主持钦天监的同时，他在畅春园设立算学馆，将自己认可的天文学和数学知识传授给士大夫们，并命皇三子胤祉组织编写《律历渊源》。《律历渊源》全书分为《历象考成》[③]《律吕正义》和《数理精蕴》三部分。其中，53卷本的《数理精蕴》是对欧几里得几何学、三角学、代数等欧洲数学知识及当时所理解的中国传统数学的总结。它将中国的河图、洛书和《周髀算经》看作所有数学知识的本源，收入一些传统数学知识与数学家梅文鼎等人的部

① 1859年稍前，数学家李善兰和传教士傅兰雅（John Fryer，1839—1928）、伟烈亚力（Alexander Wylie，1815—1887）将牛顿《自然哲学的数学原理》中的定义、运动公理和定律，以及第一编“物体的运动”的前四章翻译为中文，取名《数理格致》（韩琦，1998）。

② 关于康熙帝及清代学者对数学事务自立的追求，参见韩琦文章（韩琦，2002）。

③ 《历象考成》的主要内容是天文概念、天文常数及其物理意义、恒星和行星的位置表、黄道和赤道坐标的变换关系（橋本敬造，1970）。此书沿用第谷体系，而此时欧洲天文学、力学已经有很大的进步。

分工作，但整体上是按欧洲数学分类法编排。该书的体例为：先给出算法和几何学的一般性描述，即“明体”；然后详细论述具体内容，即“分条致用”。全书由浅入深，以线性问题、二次问题和高次问题为脉络，以比例算法为联系，构成一个知识体系。值得注意的是，它主要收录那些在某种程度上被验证是正确的知识，一些不确定的欧洲数学知识则未被收录（詹嘉玲，2003）。挟敕编之名的《数理精蕴》在清代流传很广，成为当时的主要数学教材和参考书。然而，《数理精蕴》的体系和内容都远离18世纪前后世界数学发展的主流，其创造性更难与牛顿构建经典力学，莱布尼茨和牛顿创建微积分等相比。

18世纪，清朝对新技术的敏感性不高，没有意识到欧洲的新知识和新技术的价值，将许多舶来的技术束之高阁。1758年7月，太监胡世杰向乾隆帝呈上一台西洋旋床（车床）。乾隆帝下旨：“将旋床上铜铁活计并木箱俱各收拾光亮见新，得时在水法殿摆。”（穆景元　等，1996）。18世纪末，英国使臣马戛尔尼（George Macartney，1737—1806）拜见乾隆帝，并献上一些精致的礼物。但乾隆帝未从这些工业品中嗅出英国发生工业革命的气息，还满足于所谓的“天朝上国”地位。

其实，在工业革命之前的科学技术领域，欧洲与中国的知识都有自己的特色，且有很明显的互补性[①]。欧洲科学在明清的传播与中西知识会通的过程中丰富了中国的理论知识，部分地改变了中国科学技术的概念结构、表达模式、思维方式，促进了部分传统知识

① 就当时的技术而言，中国和欧洲的科学知识各有优势，是互补的或可竞争的（Zhang B C，2017）。中国人通过传教士学习欧洲的科学知识，而传教士在传教过程中接受了中国的技术和科学知识。欧洲科学家积极研究中国的技术和科学知识。以莱布尼茨为例，他就中国科学技术向来华耶稣会士提出了29个问题（韩晋芳　等，2010）（Zhang B C et al，2016）。

的复兴和西化。欧洲的火器、钟表、仪器等技术传入明清两朝，提升了中国相关技术的水平，甚至填补了少数技术空白，改善了中国技术和手工业的体系结构。传入的科学和技术应和了明清社会的一些迫切需求，还为19世纪下半叶开始的近代科学与技术的输入在知识、技术、世界观、思维模式等多方面做了部分准备。然而，欧洲知识在中国引起的变化尚未根本改变农业社会及其科学技术的范式和知识生产的模式，更不能革命性地将中国引向欧洲近代科学技术发展的主流。

二、科技知识传播的特点

通过阐释在特定与境中的科学技术由欧洲向明清两朝的传播，我们可以进一步分析概括跨文化的科技知识传播的若干特点，这有助于我们理解17世纪至19世纪中叶中国知识的转变及农业社会的延续等的原因。

1. 中西文化传统的相容性

单一文化传统内的，或跨文化传统的，或代际之间的科技知识传播，都以传播者与接受者共享的、基本的知识为条件。科学和技术能否在一个异质的文化传统中生根和发展，要以它与异质文化传统的相容性为必要条件。

明清之际，欧洲知识在中国的传播以其跨文化传统的特性而在学术史上占有特殊的地位。那么，中国与欧洲在不同的文化与境中都有哪些共享知识？例如，《奇器图说》中介绍的机械技术属于中西传统共享的实践知识。欧洲力学理论虽然在中国没有得到高度发展，但理学传统对“所以然”之理的追求恰恰可以使中国学者意识到中国实践知识缺乏理论阐释的弱点。这表明，欧洲科学技术之所以能传入中国并在一定程度上被吸收，是因为欧洲知识系统与中国知识系统既存在一定的相容性，又存在明显的互补性，能够相互适应。

跨文化传统的知识传播的内容及方式在很大程度上受到两种知识系统相容性的限制。在中西两个知识系统中不具相容性的内容则很难在接受方的传统中被接纳。欧洲力学著作中以数学证明为基础的演绎体系在传入中国之始便被修订、删节，并在其后的传播中被进一步弱化。而传教士所宣扬的力学是亚当被逐出伊甸园后的创造物，这些内容虽然被皈依天主教的王徵纳入《奇器图说·表性言》，但由于其与中国传统的不相容性而被其后的中国学者批评。相比之下，中国传统天文学、数学等知识具有较强的包容性，不仅能够吸纳传入的新知识，还能够吸收异质的研究方法与理念，并改进固有的研究规范。

明末学者对理学与心学的空疏一面产生反动，具有经世精神的学者将理学的缺陷归因于佛学与道学对儒学的影响。徐光启等甚至提出以天主教"补儒易佛"的口号，这正是天主教能够被部分儒家学者接受的缘由之一。入清以后，明遗民认为佛教与道教对儒学的影响是明朝灭亡的重要原因。受此思潮影响，他们对于天主教更为警惕，清代学者中很少有人皈依天主教。虽然清顺治帝和康熙帝对传教士重用有加，且对天主教表现出一定程度的宽容，但宗教知识及自然哲学理论均受到多数学者的疏远和抵制。

无论是外来的数学、天文学等理论知识，还是新技术，它们均未能颠覆儒学的核心内容，更不会像天主教那样挑战儒学的地位。在儒家传统中，实用的科学知识和技术属于经世的工具，而明末清初动荡的局势正好激发了学者们的经世热情。正缘于此，欧洲宗教和哲学在中国的传播随着纯化儒家传统的趋势而被彻底摒弃，但天文学、数学、火器制造、仪器制造、钟表制造、大地测量等知识和技术的传播却在康熙年间达到一个新的高潮，且传入的相关知识在中西文化交流中断的时期仍被继续吸收与研究。

2. 传播者与受众的角色作用

知识传播的内容与方式受传播者和受众双方的目的、需求与水平的影响，跨文化传统的知识传播尤为如此。

传教士作为知识的传播者，他们的特殊身份限制了传播的内容与程度。他们本来就不是为了传播欧洲科学技术来到中国的。天主教廷明确规定，传教士不能以传播科学和哲学来吸引人入教，也不得在世俗政府中为官。有些传教士以积极传播科学知识辅助传教，有些则不愿意提及科学知识。即便传播科学知识，他们也要慎重地选择不违背其宗教理念的知识。例如，已被伽利略在《关于托勒密和哥白尼两大世界体系的对话》中否定的亚里士多德理论（即如果地球转动，那么垂直上抛的物体不应该回到其被抛出的原处），仍被耶稣会士用作证明地球不动的论据。龙华民反对利玛窦传教的策略，曾上书罗马耶稣会总会要求开除汤若望的教籍，因为汤若望有清朝官员的身份。

受众的需求影响着知识的传播。传教士试图使中国人相信，所有来自欧洲的知识都构成一个有机体，其中宗教神学占有最高的地位。明末，皈依天主教的中国学者帮助耶稣会士将神学、哲学、科学和技术构筑成一个整体的知识体系——天学。徐光启称，耶稣会士之学，“大者修身事天，小者格物穷理”（徐光启，1998）。李之藻编《天学初函》时，将宗教及哲学方面的知识归为“理”编，而将所有与科学技术相关的内容列为“器”编。然而，并非所有接受西学者都认可这样的体系。方以智认为西学“详于质测，而拙于言通几”（方以智，1884），这相当于否定了欧洲宗教与自然哲学的价值。他的这个观点被不信教的学者普遍接受。康熙时期，耶稣会士忙于应和朝廷的需求和帝王的兴趣，知识传播的内容被相对窄化。至乾嘉时期，“节取其技能，禁传其学术”成为清朝接受欧洲知识的官方态度。

以天文学为例，朝廷所要求的主要是一部精确的历法，能够准确预测日食、月食及异常天象。而这些可以由一位学习过克拉维斯或其弟子的著作，了解第谷天文仪器制造的传教士，按照几乎定型的方式来提供（Chapman A，1984）。当皇帝对历法满意时，传教士就没必要传播更新的科学知识，清初便少有新的非宗教知识传入中国。南怀仁指导制造了第谷式天文仪器，却没制造望远镜①。实际上，望远镜在中国的天文学用途仅限于观察日食和月食，追求带望远镜的方位观测仪器则是多余之举（张柏春，2000a）[346]。考虑到当时欧洲数理天文学发展的水平，提供精确的行星运行、交会等数据的方法仍未成熟，则这样的仪器对耶稣会士不仅无益，反而有害。1730年，传教士巴多明（Dominique Parrenin，1665—1741）认为，北京钦天监的氛围不鼓励学者追求科学研究，他们只是按部就班地做事，以至观象台无人用望远镜去发现肉眼看不到的东西（韩琦，1992）。

康熙帝的科学素养和对西学的接受程度在中国古代帝王中是罕见的，这对清朝学习并应用欧洲科学技术产生了积极的影响。然而，在一定程度上，康熙帝把传教士看作自己的私臣，将习得的科学知识当作工具和炫耀的资源。在“礼仪之争”暴发之前他将传教士传授的新知识基本上限制在宫中，并不积极推动欧洲科学技术在中国的广泛传播。

① 当时，望远镜因球面像差和色差而不能胜任精确的方位天文观测（席泽宗，2002）。

虽然社会和帝王的需要在一定程度上限制了知识传播的内容，但传教士还是在他们参与译撰的书籍中加入了欧洲传统的理论知识。这一部分出于他们个人的学术兴趣及认识，如邓玉函在《奇器图说》和《崇祯历书》中介绍力学理论和天文历算的数学基础；一部分出于他们要确定其学术地位的目的，如南怀仁在《新制灵台仪象志》和《穷理学》中加入的理论知识及哲学体系。然而，真正被接受并得到传播的知识还需经过接受者的再次筛选。与中国传统知识结构不相容、社会不急需或者不能被理解的知识很容易被筛除。《四库全书》虽收入《奇器图说》全帙，并承认书中介绍的"制器之巧实为甲于古今"，但对作者盛赞力学不以为然（纪昀，1983）。显然，力学理论还不是中国正统学术所迫切需要的内容，明清社会缺乏探索新科学的动力。

经过传播者、接受者和社会环境的多重筛选，被接受的西学不可能是完备的，且与欧洲科学和技术的主体区别显著。也就是说，当时的中国学术已远离科学革命的主流。

3. 科学技术与宗教的联盟

在欧洲，伽利略受审之后，耶稣会士所营造的科技与宗教的联盟变得越来越脆弱。一方面，科技显示出旺盛的发展势头；另一方面，耶稣会科学家则在新的科学探索中表现得更为保守。在明末清初，科技与宗教的联盟影响中国与欧洲之间知识传播的内容和进程。16世纪末至18世纪，欧洲科技在中国传播的数次中断都与宗教有直接关系。

清初，得到皇帝重用的耶稣会士对于传播非宗教的新知识的热情下降。他们也不希望中国人完全掌握朝廷所需要的欧洲知识，从而挑战他们在宫廷中的地位。中国大部分信教士人不像徐光启那样积极引入新的科学和技术。拒绝天主教而又对西学有兴趣的学者只能以明末传入的知识为基础来研习欧洲知识。例如，梅文鼎身处僻乡，很难购得有关欧洲数学的著作，无法完全掌握其中的深意。他意识到天主教教义与儒学的冲突，不想违背儒家传统，只得放弃直接向传教士学习的念头①。而薛凤祚、方中通等清代的少数民间学者直接向耶稣会士穆尼阁（Nicolas Smogolenski，1611—1656）学习。穆尼阁因“喜与人谈算术而不招人入会”，而被中国学者赞为天主教中的“笃实君子”（阮元，1843）[卷45：21a]。

耶稣会士在宫廷中传播知识也有其局限性。17世纪上半叶，《崇祯历书》中引入了欧洲较为先进的历算方法，但这些方法尚不足以确保准确预测日食、月食及其他异常天象。17世纪下半叶以后，欧洲宇宙论和天文历算方法都有质的发展，而在华耶稣会士依然固守《崇祯历书》的宇宙体系、算法及相关常数与数表，并且继续将西学当作一个整体。于是，在华耶稣会士就陷入了两难的境地：如果改变宇宙论和天文常数，就意味着承认西学是不完备的，这样，他们构筑的科技与宗教的强联系关系甚至会引发对天主教教义的质疑；如果不引入新知识，就有不能准确预报天象的风险，传教事业也可能前功尽弃。围绕是否应该引入新知识，传教士内部产生了分歧和争论（詹嘉玲，1990）。后来，终于发生天象预测失准的情况，耶稣会士不得不承认欧洲在相关领域的新发展，此事很可能使康熙帝对耶稣会士的忠诚程度产生怀疑，并成为他下决心驱逐传教士的一个重要原因。

康熙年间，南怀仁是在华传教士的一个典型代表，他深得康熙帝的信任。他将当时传入中国的欧洲逻辑学、天文学、力学等知识汇

① 梅文鼎记：“窃观欧罗言，度数为专攻。思之废寝食，奥义心神通。……惟恨栖深山，奇书实罕逢。我欲往从之，所学殊难同。讵忍弃儒先，翻然西说攻。或欲暂学历，论交患不忠。立身天地内，谁能异初终。”（梅文鼎，1680）[16b—17a]。

编为一部形而上的自然哲学著作——《穷理学》[①]，此举有深远的目的。1683年12月，南怀仁疏请刊行60卷本《穷理学》，以期朝廷将此书列入科举考试内容，使得欧洲知识获得与理学一样的地位。康熙帝果断拒绝了南怀仁的请求，并称“此书内文辞甚悖谬不通”（林铁钧　等，1988）。想借此书改变科举内容，将西学与中国圣贤之学比肩，就足以使康熙帝退避三舍。南怀仁的如意算盘落空。

实际上，传教士的活动一直被限制在中西不同的政治—宗教体系的相容部分的狭窄空间中——中国不允许破坏以儒家思想为核心的文化系统和政治制度，而罗马教会不允许其宗教信仰受到非基督教文化的“腐蚀”（张柏春　等，2008）[291—292]。“礼仪之争”的爆发，宣告耶稣会士协调两种政治—宗教体系之间矛盾的最终失败。1723年清朝禁绝天主教，中国与欧洲已成规模的知识传播随之中断百余年。可以说，无论对于近代科学的发生和发展，还是对于科学技术的传播，宗教都是一把双刃剑。

4. 知识传播的选择

知识的选择是科技传播中的一个关键环节。在明末清初中西知识的传播中，传教士和中国人均扮演着重要的角色。

中西知识有着不同的传统和结构，且用不同的语言表达。我们尚未发现明末清初有能够独立阅读西方文献，尤其是科学技术文献的中国学者。流传到中国的欧洲科学技术著作都是传教士带来的。中国人在选择传入什么知识这个问题上，缺乏自主性。在中国，儒家传统不

① 耶稣会士们以理学的“格物穷理”来表述欧洲的一切理性学术和实用知识。南怀仁借这个概念，构建《穷理学》框架，将《奇器图说》中的力学知识与亚里士多德的学说等自然哲学知识结合为一个整体。

容挑战，中国人不通过自己掌握欧洲语言来研习西学，“西学中源”说问世，这在客观上意味着文化上的“中国中心主义”。

知识表达结构的选择与变化是知识翻译过程中的一个重要问题。记录知识的文本是理论传承和发展的基本条件，而文本中的知识表达结构反映了作者的思维模式。中国学者与耶稣会士在知识表达结构的选择方面发挥了各自的作用。例如，徐光启与利玛窦合作翻译的《几何原本》基本遵循了原书的表达结构，但删掉了克拉维斯加注的具体算例和部分注文。在编译《奇器图说》的过程中，邓玉函选择并简化力学理论知识，王徵则选取机械图说和绘图方法，二人选择的内容和表达结构成就了《奇器图说》在科学知识全球化进程中的地位。

知识传播能否成功，很大程度上取决于传入的知识是否较传统的固有知识具有优势。实际上，中国与欧洲的科学技术存在平行发展的现象，形成了各具特色的知识体系。那些具有明显优势或互补性强，且能与当地的技术条件和文化环境相适应的技术，比理论知识更容易被传播。例如，欧洲的枪炮、钟表优于中国传统的火铳、计时器，很快被中国人接受并仿造。其中，钟表的优势正如康熙帝在1694年的题诗中所称赞的那样：“昼夜循环胜刻漏，绸缪宛转报时全。”（方豪，1987）又如，阿基米德螺旋式水车尽管在《泰西水法》中被详细描绘，但文本知识未能变成实用的机械，故未能广泛应用[1]。其实，中国龙骨车在性能方面足以同阿基米德螺旋式水车媲美。此外，清末的大部分数学家都清醒地意识到符号代数的先进性，因而以西方代数学

---

① 技术图说著作也不能完全反映技术知识的全部内容，包括意会知识。相关知识的传播还主要依靠师徒口耳相传及实际操作才能够完成。就技术传播而言，实物和实际操作的示范性强，是更为有效的传播方式。清朝官员和工匠试图依《奇器图说》仿制水车而未能成功，正可反映这一问题。

取代中国传统的天元术。数学家对知识的取舍也是以对知识的优劣比较作为主要基础的（Tian M，1999）。

5. 知识传播与会通的方式

现代学者通常认为，17—18世纪的欧洲科学以一种单向的传播方式被引入中国，并被中国人接受。其实，当时的情况并不是这么简单。将西学以会通的方式纳入中国文化传统之中，恰是传播科学技术的中国人的共同目标。

徐光启主张“欲求超胜，必须会通；会通之前，必须翻译”（徐光启，1963）[374]。具体地说，为了能使中国的历算方法超越欧洲，必须先翻译欧洲著作。以此为基础，便可会通中西知识。包括徐光启、李之藻、王徵等在内的积极参加传播西方知识的第一代皈依天主教的中国学者，实际上主要做第一步的翻译工作。不过，通过选择术语、改编知识等，知识的会通已经发生在翻译过程中了。到清代，学者们更加有意识地将欧洲知识会通到中国文化之中。《数理精蕴》就是一部会通之作①。例如，它把有关杠杆的力学知识完全转化成数学算题，这些算题与传统数学著作《九章算术》中所包含的力学问题的表达和处理方式非常相似②。

当然，耶稣会士在中西知识会通过程中发挥了特殊的作用，但他们与中国学者的会通方式是有区别的。尽管耶稣会士在写给欧洲的信中嘲笑中国“五行”怪异、可笑，但是他们仍以中国的水克火的概念来阐释亚里士多德哲学中元素的自然位置：火努力保持在上的位置；

① 该书为会通欧洲与中国的数理知识之作，比如在中国传统解题方法旁边注写定义、几何解释和其他明显受欧几里得影响的原理（Jami C，1994）。

② 关于《九章算术》中力学问题的处理方式，参见田淼的论文（Tian M，2006）。

它一旦被水覆盖（不在自然位置），就受到水的攻击而熄灭。中西传统中的火向上、水向下的观念表明了人类共享向上和向下运动的基本经验。部分中国学者没有察觉到天主教化的欧洲自然哲学知识与儒家伦理和学说的本质区别，认为中西知识的相容性恰恰证明了儒学理念的普适性，这也验证了儒家心学的重要理论：无论出自东海、西海、南海、北海，心同故理同。

《几何原本》为我们了解明末清初中西知识的会通方式提供了丰富的信息。徐光启之后，方中通系统研究了《几何原本》，写出《几何约》（1661年）。《几何约》抛开《几何原本》的演绎系统，以度、线、比例、三角形、圆及圆内外形、线面之比例等专题为纲节录原书中的命题，并为部分命题添加含具体数字的算例，但删除了原书中的证明。方中通对《几何原本》的重构表明，利玛窦、徐光启刻意强化《几何原本》的演绎体系，但这个体系却无法在当时被直接移植到中国文化传统之中。方中通对《几何原本》的重构在删除证明方面与《奇器图说》中邓玉函改编斯蒂文、圭多巴尔多的力学理论的做法一致。

在《勾股举隅》中，梅文鼎试图将三角学构筑于传统勾股术的基础上，以传统的“出入相补”法证明勾股定理及其他勾股命题。这相当于对徐光启所提出的只有在《几何原本》译成后，才能讲清中国数学著作中所蕴含的“义”的否定。然而，梅文鼎的著作完全采用利玛窦和徐光启所译著作中的术语，书中算题的体例亦与《几何原本》中命题的体例完全一致。不仅如此，梅文鼎对书中每个命题均给出证明，这正是徐光启所强调的欧洲数学的优势所在。这样，他给出的勾股定理证明并非严格建筑在传统数学的体系之上。因此，我们可以说，梅文鼎拒绝以西方数学涵盖中国数学，同时接受了欧洲数学的基本方法。

19世纪初，在中国古代数学方法已得到全面复兴的基础上，对古法情有独钟的李锐撰写了《勾股算术细草》。他写作该书的目的是让学生知道“随问立术，有一以贯之者”。“随问立术”为中国传统数学著作的主要著述方式。在该书中，为了阐释中国传统数学的“大义”，李锐颇费周折地构建出一个完备的勾股问题的求解与证明体系，完全使用传统的天元代数法和出入相补法证明所有的命题[①]，并摒除“平行线”之类不属于传统数学的概念。全书遵循同一推理、证明和表述形式，以揭示中国传统数学方法有统一的理论体系。这部书带有明显的欧洲数学著作的特点，是作者接受西学思想的一个重要表现[②]。

依靠定义、公理、定理和证明构成的知识演绎结构是欧洲科学传统的核心。尽管演绎体系也曾受到17世纪某些欧洲科学家的批评，但以《几何原本》为范例的科学著作传统延续到现代。近代科学发展中最重要的著作如伽利略的《两种新科学》（*Discorsi e Dimostrazioni Matematiche Intorno a Due Nuove Scienze*，1638）和牛顿的《自然哲学的数学原理》均采用演绎结构。中国数学家似乎未直接接受这一体系，而是以“会通”的形式，试用演绎结构。

总之，在跨文化传统的知识传播过程中，如果固有的文化传统具有足够强的稳定性和生命力，那么会通便成为必然经历的一个过程。通过“选择—转述—重构—会通”，一些外来的知识被纳入固有的文化传统中，并因此在一定程度上改变固有的知识结构。

---

① 李锐的做法既可以解释成他拒绝西学的一个表现，亦可以说是受到了乾嘉学派考据方法的影响。

② 关于《几何原本》在中国的流传及徐光启、梅文鼎、李锐的勾股术研究，详见有关专题研究（Engelfrie P M，1998；田淼，2005；Tian M，2008）。

第二章
中国的社会变革与“科技革命”

19世纪中叶至20世纪中叶是中国农业社会在外部因素的强力冲击下，开始发生剧烈变革的时期。在由农业社会转向工业社会的早期现代化过程中，不仅发生了军事、经济、政治和文化的变革，还发生了地域性的科学和技术的革命。不过，与庞大的农业社会基体相比，在战乱频仍的环境中新生的工业社会和现代科学技术成长缓慢，而且比较孱弱，无力使大国变成强国。

第一节　晚清与民国的社会变革

科学革命、技术革命和工业革命的大潮对19世纪的中国产生了有力的冲击。来自西方的科学技术如何移植并改变异质的社会，这部分地取决于中国社会与外来冲击的互动。在西方向东亚进行经济、军事、政治、文化扩张的强烈刺激下，中国社会发生了巨大变革，这种变革也是对外来挑战的回应。鸦片战争的结果，本质上是农业社会输给了工业社会，科学技术是其中的关键因素之一。

清朝保持着农业社会的惯性，只有遇到变局的冲击才被迫做出反应，先是求“自强”，失败后又不得不进行政治、经济和教育等方面的改革。清朝覆灭后，革命者试图以新政纲和武力统一国家，建立新国体。然而，20世纪的中国厄运连连，能够顺利发展的时间并不多。

一、被迫开放与自强运动

至19世纪，英国、法国、德国和其他西方国家相继完成了科学革命与工业革命，进入工业社会，实现了由手工业生产向大机器生产的变革，并且产生了不断开拓产品市场与寻求新资源的需求。英、法等国以雄厚的经济和军事实力，强力向亚洲扩张。此时，清朝在海上的影响力已远不及明朝的郑和下西洋时代，水师装备水平远在欧洲海军之下，并且清朝对西方世界扩张的威胁是没有预见和必要准备的。

清朝的开放和改革是由外患诱发的。19世纪初，英国的东印度公司向清朝走私鸦片，获取厚利，以有效抵消对清朝的贸易逆差。这使白银大量流出中国，并引发严重的经济和社会问题。1838年底，道光帝派林则徐到广东禁绝鸦片贸易，这最终招致英国在1840年6月对清朝开战。清朝军队训练不足、装备落后，抵挡不住英军坚船利炮的攻击。1842年8月清朝与英国签订《南京条约》①。此后，清朝一再败给列强，被迫签订一系列不平等条约，开放通商口岸，接受列强提出的治外法权、最惠国待遇、固定关税等要求。如此，清政府不得不接受技不如人的现实，被动地融入世界，逐步接受西方强国主导的国际秩序与贸易规则。面对列强，清朝不但要放弃朝贡制度，还要向战胜国赔款，显著降低了对国际贸易的掌控能力，财政负担加重，传统农业和手工业受到棉纺织品、鸦片等进口货物的冲击。

1860年，英法联军攻入北京，清军的惨败让恭亲王奕䜣等重臣痛感掌握先进技术的重要性。此后，英、法、美、俄等列强与清政府在领土、贸易、航行、传教、行政管理等方面的关系更加紧密，并且派公使常驻北京。这促使清政府在1861年3月在传统体制之外，另成立由恭亲王奕䜣负责、有“洋务内阁”之称的总理各国事务衙门（简称“总理衙门”），以处理外交及后来兴办的海关、军事、工业、交通

① 按照这个条约，清朝割让香港，赔偿2 100万两白银，这对清朝的中央财政来说是巨额负担。

和教育等新事业[①]。总理衙门在与列强交涉过程中需要了解它们的意图，掌握并利用国际规则。美国传教士丁韪良（W.A.P. Martin）根据总理衙门的需求，将惠顿（Henry Wheaton）的《国际法原理》（*Elements of International Law*）译成中文著作《万国公法》（1864年）。

西方列强扩张的主要目的是谋取经济利益，而非推翻清朝的统治。它们需要一个能够履行条约、使其获取利益的政府。这种态度有利于清政府平定太平天国、捻军等对清朝统治构成巨大威胁的农民起义。1860年与英、法等列强签约后，清政府全力“安内”，重点围剿太平军，且因八旗军和绿营军力量不足而倚重汉族士绅组织的地方武装。1860年6月，咸丰帝任命湘军首领曾国藩为两江总督。湘军攻占安庆之后，曾国藩举荐李鸿章，派他招募淮勇，促成淮军崛起。1864年7月，湘军攻陷太平天国都城天京（今南京）。在应对危机过程中，清朝的皇权被削弱，而督抚大员们则扩大了地方军政权力。

林则徐在广东主持禁烟时就积极了解“夷情”，搜集有关外国地理、火器与兵船的资料，提出“师敌之长技以制敌”（魏源，1976a）。魏源受到林则徐的影响，强调“师夷之长技以制夷”（魏源，1849），认为“夷之长技有三：一战舰，二火器，三养兵练兵之法”。他主张官商应该设厂制造火炮、轮船、火车、龙尾车等，以为“我有制造之局，则一二载后，不必仰赖于外夷”（魏源，

① 总理衙门于1861年设立海关总税务司署，1862年设同文馆，1876年后统领出使各国的使臣，1883年下设负责舰队建置的海防股。1870年，李鸿章任北洋通商大臣，许多外交事务逐渐由总理衙门转给李鸿章，总理衙门地位下降。1901年总理衙门改为外交部。

1976b）。不过，林、魏的主张并未影响清政府的决策[①]。清政府试图从本土找出御敌良器，包括传教士传入的火器技术。

太平天国等大规模的农民起义为“师夷之长技”提供了机缘。湘军、淮军在对太平军的作战中尝到了采用洋枪洋炮的甜头。1861年1月5日，曾国藩上奏朝廷，提议“将来师夷智以造炮制船，尤可期永远之利”（齐思和，1979）。此意得到深知西洋枪炮利害的恭亲王奕䜣的支持。8月23日，曾国藩在奏折中说：“购买外洋船炮则为今日救时之第一要务”；“购成之后，访募覃思之士，智巧之匠，始而演习，继而试造。不过一二年，火轮船必为中外官民通行之物，可以剿发逆，可以勤远略”（中国史学会，1961a）。这正与奕䜣和桂良等人“所谋暗合”。此后，李鸿章、左宗棠等人也表达了类似的主张。曾、李、左等人都在自己管辖的地区兴办洋务，启动了自强运动（又称“洋务运动”），即以制造军用船炮为主导的工业化和技术现代化运动。

1861年12月，曾国藩在湘军攻占的安庆创办“内军械所”，聘用徐寿、华衡芳等人修造枪炮，1862年试制轮船。李鸿章派英国军人马格里（Sir Halliday Macartney）在上海开办洋炮局，淮军所用洋枪洋炮在围剿太平军时收到实效。攻占天京之后，洋务派加紧筹划引进欧美技术，创办军事工业，其长远目标显然是“御外侮”。1864年，李鸿章[②]买下英国军舰配备的少量机器，装备了自己在苏州办的洋炮局。1865年，丁日昌受李鸿章、曾国藩委派在上海虹口创办江

① 林则徐和魏源都把掌握“夷之长技”看得太简单了。不过在当时对西方了解尚少的情况下，他们已是颇有远见的了。

② 李鸿章在1865年升任两江总督，1870年任直隶总督，后又兼北洋通商大臣，在内政、外交等决策方面影响力甚大。

南机器制造总局（简称“江南制造局”），先收购一家外商铁厂并仿制其“制器之器”，以扩充生产。1866年，闽浙总督左宗棠奏请设局制造轮船，获准后在福州马尾筹办船政局和船政学堂，聘法国人日意格（Prosper Marie Giguel）、德克碑（Neveue Paul Alexandre D’Aiguebelle）为船政局的正副总监。左宗棠在同年10月得知自己将调任陕甘总督，遂推荐江西巡抚沈葆桢主持船政局。此外，清政府还创办了金陵机器局（1865年）、天津机器局（1867年）、兰州机器局（1872年）、汉阳枪炮厂（1892年）等二十多个制造军械的企业。

日本的威胁为奕䜣、李鸿章等自强派官员引进近代技术提供了理由。日本在1868年开始明治维新，以1871年12月琉球人漂到台湾南部被土著居民杀害为借口，于1874年4月派兵侵台。清朝派沈葆桢率兵赴台交涉、驱逐，日军在双方签约后撤离。此事引发朝廷的海防大讨论。1874年12月，李鸿章在《筹议海防折》中，就总理衙门恭亲王等奏请的“练兵、简器、造船、筹饷、用人、持久”六条，进一步阐述如何筹划海防：

“今则东南海疆万余里，各国通商传教，来往自如，聚集京师及各省腹地，阳托和好之名，阴怀吞噬之计，一国生事，诸国构煽，实为数千年来未有之变局。轮船电报之速，瞬息千里；军器机事之精，工力百倍；炮弹所到，无坚不摧，水陆关隘，不足限制，又为数千年来未有之强敌。外患之乘，变幻如此，而我犹欲以成法制之，譬如医者疗疾不问何症，概投之以古方，诚未见其效也。……居今日而欲整顿海防，舍变法与用人，别无下手之方。”

为加强海防，朝廷采纳了洋务派建水师、练兵等主张，决定每年从海关和厘金收入内拨白银400万两，用于建设北洋、南洋、粤洋三支水师。1875年，直隶总督、北洋大臣李鸿章奉命创建北洋水师，通过总税务司赫德首先向英国订造舰船。北洋水师于1888年12月正式成军，大约花费了2 000万两白银。这支亚洲最大的舰队有军舰、运输船等105艘，其中定远、镇远两艘铁甲舰为德国建造。主要舰长和军官毕业于福州船政学堂，大多还曾留学于英国皇家海军学院。

三十多年的自强运动成效如何，主要看清政府能否成功地安内和御外。清政府成功镇压了太平军和捻军，平定了西北叛乱，打败了入侵新疆的中亚阿古柏武装，这些都证明清朝引进先进技术和办军事工业是很有成效的。相比之下，清朝的海防基本上是失败的。1894年，朝鲜政府请求清朝派兵帮助平定内乱，日本借机向朝鲜派兵。日本海军以北洋水师为假想敌，虽在主力舰的吨位、装甲和火炮口径等方面不及北洋水师，但在航速、火炮速射等性能方面后来居上[①]。1894年7月25日，日本联合舰队突然袭击北洋水师护航的运兵船，引发中日海战。1895年2月，北洋水师全军覆没之后（游战洪，2008），李鸿章代表清廷在同年4月与日本签订《马关条约》，这一恶果标志清朝海防和自强运动的失败。中国的改革也由单纯的对近代先进军事、技术及相关知识的引进，转为政治、教育体制的全面变革。

二、从制度改革到政治革命

随着西方技术及相关知识的传入，中国知识精英们就不能回避“西学”和中国文化的关系问题。与日本的“脱亚入欧”口号不同，“师夷之长技”是在不动摇中国传统文化和农业经济的主体地位的前提下进行，也就是所谓的“中学为体，西学为用”框架内进

① 北洋水师主要用于防御日本，却在技术改进方面滞后于日本。1891年后，朝廷停止为北洋水师购船拨款。实际上，西方列强也乐得有日本这样一个对付中国的帮手。

行的。洋务派对西方工业社会的了解始于坚船利炮，逐步扩展到机器制造、采矿冶炼、轮船运输、铁路运输、电报通信等产业。他们以引进和利用国外军工技术为救时手段，但不质疑儒家文化和“祖制”在国家长治久安、百姓安居乐业方面的有效性。包括部分洋务派官员在内的精英们担心机器、铁路、电报等新技术及工厂制可能破坏经济秩序，引起失业等社会问题，甚至便于洋人侵入内地。

甲午战争失败之后，清朝的变革从武器及其技术的层面扩展到制度和政治的层面。朝廷迫于形势及知识精英的变法呼声，于1895年7月宣称“力行新政”，鼓励修铁路、铸钞币、造机器、开矿产、创邮政、练陆军、整海军、立学堂等。这已经突破了农业社会的经济框架。“新政”还能走得更远吗？后来，“中学为体，西学为用”思想经张之洞等人阐释而流行于精英之中。“中学为体”为“新政”和“变法”圈定了界限，即改革不能突破作为“体”的儒家纲常名教。光绪帝采纳了康有为的变法建议，于1898年6月11日颁布《定国是诏》，宣称施行教育、经济、政治、军事等方面改革，这不仅将冲击“中学为体”，更会威胁到朝廷的权力结构。慈禧太后[①]起初默认光绪帝的做法，但后来感到变法会损害她和清廷的统治，于是发动政变，于1898年9月21日囚禁光绪帝。

制度改革到20世纪初才开始，这使得经济、教育、政治等维新思想得以实践。义和团运动与庚子事变，即八国联军在1900年8月攻占北京，迫使清朝在1901年9月与11个国家签订《辛丑条约》。这次重创使清廷相信继续守旧无济于事，不能再无视日本等国家的改革经验。

① 慈禧太后在晚清政治舞台上扮演着举足轻重的角色。她自1861年开始垂帘听政，左右朝廷决策。

朝廷在1903年设立商部，拟订学制改革计划；1905年批准废除科举；1906年将商部与工部合为农工商部，建立邮传部；1908年颁布预备立宪计划，1909年举行第一次地方立宪会议代表选举。然而，改革需要推行者有实施能力和财政实力。甲午战争之后，朝廷已经没有足够的政治权威①，缺少凝聚精英、整合资源和践行改革举措的有效机制，而主张政治革命的力量则在民间不断积蓄②。由于低税制、5%的进口关税和巨额战败赔款，清政府中央财政严重入不敷出③，不足以支持改革和经济建设。1911年，清政府在铁路国有化方面的举措引发四川的“保路运动”。清政府调湖北新军入川镇压“保路运动”，驻扎武昌的部分新军在1911年10月10日发动起义。这场辛亥革命使清朝快速瓦解，清政府推行了近十年的改革未能挽救王朝灭亡的命运。

列强扩张与清朝软弱等因素导致民族主义的兴起和政治革命的爆发。辛亥革命为实现民主共和等政治目标带了机遇。孙中山于1912年元旦在南京就任中华民国临时大总统。不久之后，他迫于形势，把临时大总统之位让给掌控北洋军的袁世凯，后者因复辟帝制而招致各

---

① 在朝廷要利用义和团时，张之洞、刘坤一、李鸿章和袁世凯等督抚却无视慈禧太后的态度，拒绝与义和团合作，实行东南各省自保。

② 例如，1905年孙中山在日本东京组织成立同盟会，后来同盟会在新加坡和国内成立分会。

③ 清廷因甲午战败向日本赔款2.3亿两白银，按《辛丑条约》须向11个国家赔款4.5亿两白银（约折合3亿330万美元）。庚子赔款本息高达约9.82亿两白银。清廷以关税和盐税为庚子赔款作担保。1900年，外国公使估计清廷预算岁入只有1亿两白银，而1900年之后每年要偿还的外债就高达4 200～5 300万两白银（罗兹曼，1988）[290, 292]。1895—1909年间，清廷增收附加税，使税收翻了一番，但仍然入不敷出，甚至要向外国举债来支付战败赔款。1897—1900年间，清廷为了支付甲午战争赔款，向外国借款4 780万英镑。1943年，国民政府废除一切不平等条约，从此不再支付战争赔款。

方力量的强烈反对和讨伐。1916年6月，袁世凯病故，中华民国政府（即北洋政府）的地位进一步下降，各地军阀势力呈现出割据、乱政的态势，连年的军阀混战严重破坏了社会稳定和经济建设。

经历自强运动、戊戌变法、庚子事变、辛亥革命等重大事件，中国人在心态上发生了很大转变，表现为文化优越感渐弱，民族危机感和国家意识增强①。提倡西学的精英们活跃在通商口岸和其他一些城市，在社会变革中扮演着重要角色。他们通过组织各种学会、办报刊、办学堂等形式，传播西方文化，批判儒家伦理纲常，提倡白话文和平民教育，宣扬自由、民主和科学，鼓吹思想变革，促成新文化运动和思想解放②。这不仅超出“仪礼之争”时的话题，还突破了“中体西用”的藩篱，将现代化扩展到文化层面。

日本在1914年对德国宣战并攻占德国租借的山东胶州湾，1915年向袁世凯提出“二十一条”，这使新文化运动与救国问题交织在一起。1919年，参与第一次世界大战的英、美、法等协约国在巴黎和会上准备认可日本攫取德国在山东特权的要求，这将让中国这个战胜国不能收回主权③，激起了中国人的强烈义愤。5月4日，北京的大学生们举行游行示威，要求北洋政府拒绝签字。6月28日，中国代表拒绝出席巴黎和约签字仪式。

面对社会危机，政治精英们探索变革救国之道，选择不同的信

---

① 关于心态的转变，董光璧认为是知识界和民众从传统的到近代的心态转变（董光璧，1995）[3]。

② 新文化运动的一个标志性的事件是1915年陈独秀创办《青年》杂志（后更名为《新青年》）。值得注意的是，经过新文化运动的洗礼，传统文化的影响仍然无处不在。

③ 1917年8月，中国政府向德国、奥匈帝国宣战，废除中德、中奥条约。大批中国劳工在欧洲战场支援协约国。1918年，中国成为第一次世界大战的战胜国。

仰和制度，形成了国民党、共产党等政党及社团组织。国民党缔造者孙中山推崇共和体制，试图通过军政、训政、宪政三个阶段实现“三民主义”目标，还主张联合苏联和共产党。共产党以马克思列宁主义为指南，要借鉴苏联的经验，通过革命夺取政权，建立社会主义制度，最终实现共产主义。1926年7月国民党中央执行委员会通过北伐宣言，1928年6月国民革命军攻占北京，同年12月奉系张学良宣布东北“易帜”，服从国民政府[①]。1927年4月，蒋介石发动“清党”，同年8月共产党发动南昌起义，标志着第一次国共合作结束。日本军队在1931年发动“九一八”事变，1936年12月12日的西安事变促使国民党与共产党再次合作。第二年7月，日本全面侵华，中国提高了全民族的凝聚力，采取“以空间换时间”的战略，以落后的武器装备和科技，倾力抵抗日本侵略者，付出了巨大牺牲，战争期间先后得到苏联、美国等盟国的援助[②]。国民政府在1938年迁都重庆，首先专注于抗战，被迫缩减工业化建设目标。抗战胜利时，共产党所领导的八路军和新四军由数万人壮大到百万余人。国共两党在1946年再度爆发内战，直到1949年共产党夺取政权，而国民党败退台湾。

总之，从19世纪中叶到1949年，中国外患内忧不断，发生了多次

① 即便是在张学良东北易帜之后，国民政府仍是名义上的中央政府，实际上只能有效领导若干个省份，难以在全国有效实施政令。

② 1938年，德国迫于日本的压力，决定停止向中国提供军事物资。抗战之初，苏联与国民政府达成协议，派出援华航空志愿队，并提供武器装备、车辆等物资，中国则以矿产资源和农牧产品偿还。1941年，德国进攻苏联，苏联援华物资数量急剧减少。太平洋战争爆发之后，日军切断滇缅公路，美国加强对华军事和经济援助，而中国远征军则在1942—1944年间入缅甸，支援盟军对日军作战。中国抗战补给的国际生命线主要有西北的中苏公路以及西南的滇缅公路、滇越铁路、驼峰航线、中印公路，这些通道使得大量战略物资输入到大后方。

重大变局，现代化建设始于清朝在农业社会的基础上所创立的军事工业。辛亥革命之后，中国陷入社会动荡和战乱之中，缺少一个有效治理全国的政府，大量的财力和其他资源都消耗在内斗和抵抗侵略上，弱小的现代化事业难以在庞大而战乱频仍的农业社会中成长起来。南京国民政府只能有效领导江苏、浙江等为数不多的省份，抗战时期在后方坚持到日本投降，所实行的现代化改革措施非常有限。国民经济发展很不平衡，地区差别很大。上海、天津等少数现代化“孤岛”拥有工业社会的工商业、交通运输业、大学教育等事业以及企业家、教师、工程师等人力资源，而广大农村，尤其是边远地区依然属于传统的农业社会，甚至是农奴社会。全国人口平均寿命很低，受教育程度也很低。

第二节　迟缓的工业化与技术转移

制造业是工业化的主体，也是其他工业的基础。无论是制造业还是其他工业，技术转移花费最多的是进口机器设备和原材料。本节以制造业为主线阐释中国早期的工业化和技术转移。

一、“师夷之长技”与军事工业

在办洋务之初，曾国藩、李鸿章、左宗棠等封疆大吏及总理衙门的恭亲王奕䜣等对西方技术和工业了解甚少，需要咨询幕僚或外国人。1863年11月，留美归国学者容闳①得知曾国藩考虑建设西式机器厂，便向他建议：先建一个为各制造厂奠基的总厂，装备“制造机器之机器”；总厂为各分厂制造“各种根本机器”，如制造枪炮的专用设备；分厂分别生产枪炮、农具、钟表等特别机器（中国史学会，1961b）。这就是以机床设备制造为起点，发展机器制造业。显然，容闳的见识远高于洋务派官员们，超越了仅仅制造“坚船利炮”的目标。不久，容闳受曾国藩委派出国购买“制造机器之机器”，1864年在一位美国工程师的协助下，向马萨诸塞州的一家公司订造机器。

在清朝官办的20多个军工企业中，最具代表性的是江南制造局和福州船政。江南制造局在1865年装备了容闳从美国订购的百余台机器，聘请“洋匠”主持生产枪炮弹药和轮船。到1891年，它已下设了机器厂、轮船厂、枪厂、炮厂、火药厂、炼钢厂等十几个机构，装备有662台机床和361台蒸汽机等设备，人员达到3 500多人的规模，成为当时清朝最大的工厂。1867—1904年，江南制造局共生产近7万支枪、587门火炮、8艘兵船以及近700台机器设备（陈真　等，1961a）[18]（陈真　等，1961b）[12—13]。江南制造局长期依靠外国工程师主持制造，在1905年分成江南船坞和兵工厂，1912年江南船坞易名为江南造船所。江南造船所按照美国的设计要求，在1918—1922年建造出4艘万吨级运输船及其配套的3 000马力蒸汽机，显示出中国船厂当时的生产潜力。福州船政主要从法国进口机器设备，1869年6月造出第一艘轮船——“万年青”号。到1874年，这家造船厂已有机器厂、轮机厂、船厂、船政学堂等十几个下设机构，人员约2 600

① 容闳于1847年赴美国留学，1854年在耶鲁大学获得文学学士学位，1855年初回国，1863年成为曾国藩的幕僚。

人。日意格和“洋匠”们合同期满离开之后，船政学堂的毕业生们开始监造舰船，1876年开始仿制复式高压蒸汽机，1887年造成2 400马力的铁甲舰。

自强运动在后期逐步由“求强”扩展到“求富”，1874年筹议海防和甲午中日战争战败等事件促进了工业建设向非军工产业的扩展。尽管有些人担忧或强烈排斥电报、铁路、机器生产等新事物，但是，李鸿章等自强派官员和总理衙门在1870年就开始鼓励募集民间资金，主要以官督商办的形式，开办了一些工矿企业，如轮船招商局（1873年）、基隆煤矿（1878年）、开平矿务局（1878年）、兰州机器织呢局（1880年）、唐胥铁路（1881年）、中国电报总局（1881年）、上海机器织布局（1882年）、漠河金厂公司（1888年）、广州电灯公司（1890年）、汉阳铁厂[①]（1893年）、大冶铁矿（1893年）、湖北织布局（1893年）等。这些企业逐步改善了产业结构，带动了国外先进工业技术向中国的转移，部分地满足了军工企业对煤、铁、运输、经费等方面的需求，减少了对进口原材料等的依赖，也为政府带来了可观的收入。它们主要以盈利为目的，得到官方在纳税、筹款等方面的扶持。不过，由于自身与生俱来的局限和外资排挤，这类企业的发展历经波折，最终甚至难以维持生存。

1895年后，清政府以非常有限的财力，支持“新政”的实施。例如，以盐税、关税支持铁路、工业、军事和教育等事业，利用外资或民间集资修铁路。铁路里程由1895年的1 000公里增加到1911年

① 江南制造局、福州船政、天津机器局等都设有炼钢分厂。汉阳铁厂为中国首家大型钢铁企业，于1891年动工兴建，1893年投产，拥有炼铁高炉、炼钢转炉、炼钢平炉、轧钢厂等，主要生产钢轨等产品。1908年，汉阳铁厂、大冶铁矿和萍乡煤矿合并为汉冶萍煤铁厂矿公司。

的9 618公里（罗兹曼，1988）[418]。1930年代唐山机厂、青岛四方机厂、吴淞机厂等企业装配生产了大约6%的铁路机车、59%的客车和62%的货车（杨毅，1948）。

清朝海防的失败显露出清朝海防和军事工业的缺陷：从表面上来看，福州船政、制造局与海军建设有所脱节，它们隶属不同的上级机构，没有为北洋水师补充新式的主力战舰①，甚至不能及时供应质量合格的炮弹；机器局定位于兵器生产，而不是为其他企业生产机器设备或满足市场需求，主要靠军备和投资驱动②；核心技术和高层次技术人才长期依赖于国外厂商，采矿、冶金、铁路等相关产业发展严重滞后③，机器装备制造几乎缺位④，工业体系结构很不合理，形成“引进—落后—再引进—再落后”的恶性循环。从深层次看，清政府精英对西方工业社会的诸多方面的理解并不充分，没有从国家层面上进行全局性布局，在实践上表现为头痛医头、脚痛医脚的应急性特点。

即便甲午中日战争不战败，清朝的工业化也会因上述问题而举

① 北洋水师的主要战舰是从欧洲进口的。到1874年2月，福州船政制造出15艘吨位不大的轮船，其中部分军舰在北洋水师中充当配角。1875年，李鸿章宁愿直接向国外订购舰船，其理由是尽早建成水师，买船比造船的费用低。福州船政装备福建水师的舰船在1884年中法马江海战中几乎不堪一击。

② 清朝的机器局有别于西方以盈利为主的企业，带有封建衙门的色彩。甲午战争之后，朝廷对机器局投资减少，生产遂萎缩。例如，1877年以后，闽海关不能按照原规定如期拨款，福州船政因经费短缺而减少了造舰数量。

③ 军工生产和其他工业建设长期依赖进口钢材等原材料。张之洞在1890年创建汉阳铁厂，但其产量无力支撑兵器制造等产业。

④ 各机器局都有一定的制造能力。例如，江南制造局在1867—1876年间为自己制造过168台机床，还曾为天津机器局制造过部分设备。然而，江南制造局等企业并非容闳所描述的“立一切制造厂之基础”的“机器母厂”。各机器局和其他新式企业所需的蒸汽机、机床等机器设备和重要零部件长期依赖进口，而进口贸易基本上被外国厂商垄断。

步维艰。其实，清政府和社会精英们对工业化冲击传统产业和社会的问题是有诸多疑虑的。1874年，丁日昌、郭嵩焘等人在筹议海防之际，建议设厂制造耕织机器，遭到不少士大夫的批驳。丁、郭的反对者们力陈机器生产会导致失业和游民之害，甚至认为造机器是“破坏中国数千年相承之治法”的“以夷变夏”之举（中国史学会，1961c）[255]。在此与境中，制造业得不到政府的全力扶植，这是不难理解的。

鸦片战争后，外商充分利用他们的特权，在香港、上海、天津、广州、汉口等通商口岸开办工厂，业务涉及船舶修造、印刷、纺织、农产品加工、发电、机车修造等①，客观上起到了工业化生产的示范作用。上海几乎是西方工业社会的“飞地”，它所示范的不仅有工商业，还有工业化的生产方式和生活方式。日本利用《马关条约》，获得在华进口货物和从事机器生产的权利，英、美等国也“搭车”得到了同样的权利。“九一八”事变后，日本侵占中国东北，日本厂商在大连、沈阳等地开办了更多的工商企业，输入资本和技术。

二、民营工业的草创与发展

从1860年起，中国民间投资者在得不到政府支持的情况下，在上海、广州、天津等少数地区创办了规模不大、设备简陋的企业，从事小型船舶修造、机器修造、交通运输以及缫丝、纺织、农产品加工、印刷等轻工业生产，有些技术骨干来自外商企业或官办的机器局。

清政府在1898年颁布《振兴工艺给奖章程》，鼓励发明创造及仿

① 例如，1876年英商在上海与吴淞口之间修筑窄轨铁路，建成不久即被迫拆除。1880年英国人创办胥各庄修车厂，该厂在1881年制成蒸汽机车“中国火箭”号，也称“龙”号。1882年英商创办上海电光公司，为照明供电。

造国外产品。1903年，清政府设主管工艺、制造、铁路和采矿等产业的商部，但拿不出多少资源支持发展工矿产业。第一次世界大战爆发后，机器设备和其他工业产品进口锐减，这为中国民营资本发展工业扩大了市场空间。上海的机器厂由1911年的数十家增加到1936年的251家，而全国（不含东北）的机器厂在1936年达到781家（陈真 等，1961b）[810—812]。上海和其他少数城市的工厂能够仿制功率不大的蒸汽机、内燃机、发电机、电动机、车床、刨床、铣床、钻床、冲床、印刷机、缫丝机、梳棉机、棉纺机、织布机、丝织机、针织机、碾米机、面粉机、水泵等机械产品。然而，中国工业整体上依然很弱小，在资金、人才、技术、设备、产品质量等方面远不及外国厂商[①]，许多重要零部件和原材料依赖进口，在与外国厂商竞争中处于劣势。例如，1936年全国（不含东北）机器厂的资本总额仅有800万元，工人有27 000余人（陈真 等，1961b）[796]，这只相当于工业化国家的一家大型机器厂，对于中国这样一个幅员辽阔的大国来说几乎是微不足道的。

国民政府出台了《奖励工业品暂行条例》（1928年）、《奖励工业技术暂行条例》（1932年）等政策。比这些政策更起作用的，可能是社会趋于稳定的态势。1927—1937年，被称为“黄金十年”，轻工业发展很快，相比之下，重工业的投资大、技术门槛高、设备复杂，民营投资参与建设的难度大。

可惜，好景不长。1937年7月日本全面侵华，这使中国的工业、

① 例如，上海求新制造机器轮船厂作为国内的民营大厂，在1910年拥有500多名员工和约30万两银资本；而外商的耶松船厂公司（S.C. Farnham，Boyd，& Co.，Lid.）在1900年就有数千名员工和557万两银资本。

经济和社会等都蒙受了巨大损失。上海等地的一些工业家在战火中将企业迁往内地，以保存中国的工业能力。在国民政府的支持或组织下，上海、江苏、山东、山西等地的一些民营工厂逐步迁到四川、湖南、云南、广西、贵州、陕西等省，构建起战时后方工业基础[①]。国民政府颁布《工业奖励法》和减免税等政策，鼓励生产机器设备、原材料、燃料、轻工业品和其他产品，及参与军工生产。民营工业逐步发展壮大[②]，克服了资金、技术、设备和原材料供应等方面的困难，在一定程度上满足了战时的需求，有的产品还替代了进口货。1938—1944年，国民政府经济部批准专利423项，大多属于局部改进并付诸实践，其中也有“一经实用，竟至失败者”（经济部，1943）。

三、政府主导的工业化建设

在动荡与战乱的环境中，地方当局首先重视兵器制造，有些地区也在发展工商业方面有所作为。奉系军阀在1921年开办东三省兵工厂（沈阳），20世纪20年代末该厂员工达到2万人左右（陈修和，1962）。阎锡山在1933年创办了西北实业公司（太原），1935年将各兵工厂划入该公司，职工总数近7 500人，从事焦炭、炼铁、化工、机械、电器等生产。

孙中山注意到西方国家在第一次世界大战之后闲置着的设备和人

① 到1941年12月，全国内迁民营机器厂达到230家，有的工厂在后方发展到2 000多人的规模。

② 例如，在国民党控制的后方，抗战胜利时已有1 016家机器厂，占全部工业的19.3%，工人数达到45 400多名；其中，民营机器厂有965家，资金占全部机械工业的51%，有工人33 400多名（陈真　等，1957）[101—103]。

才[①]。他在1919年的《实业计划》中提出：在不损害主权的前提下，进行中国实业的国际开发，引进国外的资金、技术和人才；国家和私人资本分工经营实业[②]，修筑深水港、铁路、公路等交通设施[③]，开煤、铁、石油等矿产，发展工业和农业，包括制造矿冶设备、船舶、机车车辆、纺织机械和农具等。这样的国际开发意味着以中国的市场换取工业国的资金和先进技术，但是，一个积贫积弱的国家要获得国际投资并非易事。大约在1936年秋，国民政府与纳粹德国商定了易货贸易，借到1亿金马克，以矿产资源还债。这笔外资大部分用于购买军火，一部分用于购买技术和机器设备。

国民政府基本上以《实业计划》为方针，规划经济建设和筹办国营工业。实业部制订了《四年建设计划》，但计划的实施却很难[④]。航空委员会在1934年创办中美合办的中央杭州飞机制造公司[⑤]，1937年创建中国和意大利合作的中央南昌飞机制造厂（生产轰炸机），利用进口的发动机、螺旋桨、起落架、轮胎、仪器和原材料等，装配生产轰炸机和其他军用飞机。1936年，宋子文等人在全国经济委员会的协助下，筹建中国汽车制造公司，计划5年内由组装德国Benz卡车过渡到制造整车。1936年铁道部在株洲初建铁路总机厂，主要生产机车车辆。

---

① 第一次世界大战之后，苏联实行新经济政策，引进了西方国家的技术人才和设备等资源，进行工业化建设。

② 孙中山主张“发达国家资本，节制私人资本”。

③ 孙中山特别重视铁路，主张建设十万英里铁路。在辞去中华民国临时大总统职务之后，他在1912年担任全国铁路督办，试图引进外资修筑铁路。

④ 国民政府实业部从英俄庚款余额中出资310万元，于1931年春筹办中央机器制造厂，1935年部分进口的机器运抵上海，但抗战爆发前放弃了建厂计划。

⑤ 中央杭州飞机制造公司利用美国图纸和技术资料，进口发动机、配件和原材料，生产飞机。1937年8月已生产210多架飞机（叶肇坦，1986）。

资源委员会[①]在1936年制订了《重工业建设计划》，着眼于发展冶金、燃料、机器制造、电气等工业。其中，机器厂由资源委员会与航空委员会合办[②]，计划生产飞机发动机、汽车、原动机、机床等重要产品，战时还能制造装甲车、坦克、枪炮。实业部、资源委员会所、航空委员会等部门要发展的正是国家急需的重工业及相关技术，若能如愿建设，将改善工业结构，带动工业化建设，加强国防力量。此时，中国人已经有能力从美国、德国、英国等国家的厂商选择先进的技术，并且抓紧引进了一些技术和机器设备，相较于晚清时期已有很大进步。

20世纪30年代的建设者们可谓生不逢时。日本入侵打乱了中国的发展布局，使国民政府的建设计划和技术引进无法正常实施，不得不缩减计划或放弃原定目标。本来，为了远离日本侵略的威胁，国民政府将新建的钢铁厂、机器厂、电工厂、兵工厂等设在腹地的湖南湘潭，将铁路总机厂设在湖南株洲。但是，日本全面侵华的时间和推进速度不是工业建设者们所能预见和把握的。已有的和在建的工厂等在战争爆发后陆续遭到日本飞机的轰炸，不得已停建或迁往后方比较安全的地区。例如，兵工署将汉阳兵工厂、巩县兵工厂等军工企业迁到大后方。资源委员会将人员和机器设备转到昆明、桂林等地，1939年建起中央机器厂、中央电工器材厂等企业。铁道部将株洲总机厂及其他机厂的设备拆运到西南。航空委员会将杭州飞机制造公司迁到云南垒允，南昌飞机制造厂迁至南川，又在贵州大定的一个山洞里创办飞机发动机制造厂，利用美国技术和设备，

① “九一八”事变后一年多，即1932年11月，国民政府成立国防设计委员会，为抗日做准备。这个机构在1935年改为名资源委员会，工作重心由调查研究转向重工业建设。

② 1939年9月，航空委员会退出与资源委员会的办厂合作。

装配制造过32台G-105B型气冷发动机[①]。中国汽车制造公司分三部分迁往香港[②]、桂林和重庆。来不及内迁的工厂大都遭到破坏，或被日本人劫夺[③]。拆迁的工厂元气大伤，许多进口设备难以运到后方，甚至落入敌手。实际上，几乎在整个战争期间，重庆、昆明等地的工厂都是日本空军轰炸的重要目标。

抗战时期，中国的工业布局发生了很大变化[④]。国民政府失去了工业基础相对较好的东部省份，特别是富庶的沿海地区，不像以前那样容易获得国外的机器设备、工业原材料和技术资料。正如《中国国民党抗战建国纲领》（1938年）所述，国民政府只能在后方谋求“开发矿产，树立重工业的基础，鼓励轻工业的经营，发展各地之手工业”，“提高科学的研究”，“训练各种专门技术人员”（重庆市政协文史资料研究委员会，1985）。政府部门继续投入于工业建设，在一些重要领域有所建树。中央机器厂设在昆明，1943年有员工近2 500名，装

① 在1944年和1946年，航空委员会分别购买美国和英国的飞机发动机仿造权，但是，抗战胜利后建厂进展缓慢，并未制造出产品。

② 中国汽车制造公司设在香港的南华铁工厂按德国图纸，装配生产出55马力柴油汽车发动机，组装了近2 000辆55马力载货汽车。

③ 例如，江南造船所只迁出可怜的20多台机床，马尾造船所将少量设备拆运到南平。阎锡山的西北实业公司被日本人拆劫一空。唐山机车厂被日军占领后用于配制战车、枪炮。

④ 日本早在20世纪初期就在中国东北投资于工矿业，建设了鞍山昭和制钢所等大型企业。“九一八”事变后，日本进一步在中国东北发展殖民地工业，沙河口机厂生产的太平洋式机车牵引着当时亚洲第一高速列车“亚细亚”号（时速80千米）。1937年，伪满政权颁布《产业开发五年计划》，此后日资不断增加对东北工业的投资，建成小丰满水电站。至1940年，东北机械工业已经和国民政府的后方大体相当，一些日商企业还拥有自己的研发机构。当时东北机器厂已有968家，员工近45 000人（郑学稼，1946）。1943年东北的制铁、土木、通信、农业等机器设备自给率超过了50%，而91.7%的机床、97.9%的蒸汽机、84.1%的精密机械则要由日本制造（孔经纬，1958）。

备着一些购自美、德等国的先进设备，是后方技术水平最高的机器制造厂。虽然再无条件实现资源委员会初定的建厂目标，但还是能够生产锅炉、250马力煤气机、150马力柴油机、发电机、水轮机、车床、刨床、精密铣床、梳棉机、纺纱机、千分尺、齿轮铣刀、镜片研磨机等产品，并装配制造过2 000千瓦发电机。1942年，资源委员会利用美国制造的钻井设备，自制炼油设备，成功开发了玉门油矿，生产出抗战急需的石油产品①。共产党在陕甘宁边区和其他解放区也开办了兵工厂和民用工厂，其中最大的茶坊机器厂曾达到近千人规模。

太平洋战争爆发后，国民政府开始筹划战后经济建设，派遣技术人员留学美国，商洽引进国外技术。1943年4月，经济部、教育部举行会议，召集政府相关部门、工矿企业、大学、科研机构和学术团体的代表，讨论并通过了《战后经济建设计划》。根据这个计划，中央设计局会同资源委员会制订了《重工业五年计划》。日本投降后，经济部、交通部等政府部门抽调人员接收沦陷区的日伪工业②，进行新的工业布局并医治战争创伤③。同时，战时内迁的工厂陆续恢复至上海和其他地区，形成新的工业发展态势。

资源委员会在1946年3月脱离经济部，负责主持重工业建设。

---

① 抗战时期石油是紧缺资源。由于没有汽油或柴油，不少汽车改为以木炭瓦斯、酒精、植物油等为燃料，或者利用植物油提炼汽油、柴油、润滑油等。在这种情况下，玉门油矿的成功开发意义非比寻常。

② 抗战胜利之前，一些日资企业规模超过了国民政府经营的企业。例如，1944年大连机械制作所装备了1 295台机器设备，员工约有6 500名，年产机车60辆、客车150辆、货车4 000辆（伪满国务院总务厅统计处，1944）。

③ 日本人投降时，破坏了一些工厂和机器设备。苏联军队攻入东北之后，拆掉大约价值9亿美元的机器设备，作为战利品运往苏联，这使东北工业基本上丧失了正常的生产能力（张柏春，1992）。有些政府接收人员盗卖器材等，中饱私囊。

随后，组建中央机器有限公司、中央电工器材有限公司、沈阳机车车辆制造有限公司。台湾机械造船有限公司、中央造船有限公司筹备处、通用机器有限公司筹备处等“托拉斯”型大企业①，引进美国的10 000千瓦汽轮发电机组等产品的制造技术。交通部筹建铁路总机厂，计划在株洲、西安、唐山等城市设厂制造机车或车辆。其他政府部门也推出一些建设举措，如利用善后救济总署提供的机器设备建设中国农业机械公司，成立中国纺织机制造公司，等等。无奈，内战全面爆发，经济、社会动荡不断，工业企业经营状况不佳或筹建缓慢，《战后经济建设计划》不能正常实施，美国也调整了支持中国工业建设的措施②。1947年是战后全国生产状况较好的一年，上海、天津、沈阳、武汉、重庆、南京等17个主要城市的机械工业企业有2 456家，员工70 665名（陈真　等，1961b）[839—840]（陈真　等，1957）[208]。

20世纪三四十年代，中国工业化程度很低，农业在国民经济中占绝对优势。20世纪30年代，几乎2/3的产品来自农业，工业产品不足1/5。绝大部分工业产品通过传统的手工业方法生产，利用现代手段生产的产品不到10%，90%以上的劳动力依靠传统技术（费正清，

---

① 这些托拉斯是在整合国营企业和原敌伪企业的基础上组建的。例如，中央机器有限公司下辖昆明机器厂（原中央机器厂）、天津机器厂（原来是几家日资企业）、沈阳制车厂（原日满企业）、上海机器厂（原日资自行车厂）、沈阳机器厂（原日资企业）和马鞍山工具机厂（准备利用日本赔偿机器筹建）。其实，政府部门经营的企业已经显露出管理低效等弊端，美国的部分企业不愿意与国营企业合作。

② 日本投降后，盟军总部曾决定拆掉日本兵工厂和机器厂的机器设备，赔偿战争中受害的亚洲国家，其中的一半赔偿中国。后来，美国考虑到中国内战形势的演变，并且希望日本能有实力对抗社会主义国家，于是，中止了拆机器设备给中国的做法。中国只得到了17个日本工厂不到一半的机器设备。

1990）[151]。到1949年，形成了东北拥有一定的重工业基础①，东南沿海有较强轻工业和部分重工业，内地个别地方有现代工业的格局。其中，民营工业产值占工业总产值的48.7%（国家统计局，1984）[194]，大约2/3的民营企业属于轻纺工业。相比之下，政府经营的工业在重工业和原材料加工业方面占有明显的优势。据统计，1947年国民政府经营的企业提供的工业产品占国民党控制区全部工业产品的比重，电为78%，煤为80%，石油和有色金属为100%，钢铁为98%，机械为72%，水泥为67%，烧碱为65%，硫酸为80%，盐酸为45%，化学肥料为67%，纺锭为60%，机制纸为50%，机制糖为90%（陈真　等，1961a）[1445—1446]。

中国产业落后，又经过了连年战争的严重破坏，以至于1949年全国农业灌溉土地的面积甚至少于清朝末年（费正清，1990）[155]，手工业生产在全国经济中仍占相当大的比例②，主要工业品的产量只有30年代最高水平的15%—80%不等，工业品产量与美国等发达国家有相当大的差距（表2–1）。当时，煤、电、油供应紧张；钢铁、有色金属、基本化学、建筑材料等产品数量不足，品种和规格不多，质量不高；机械工业尚处在由修配到独立制造的转变过程中，没有以新技术装备国民经济各部门的能力（薄一波，1991）[292—293]。

① 1945年苏联出兵中国东北，打垮了日本关东军。苏军占领东北后，拆走了一半以上的东北工业设备。

② 1951年11月，手工业产值约占工农业总产值的15%—20%，农民所需的工业品中，手工业品占80%左右（薄一波，1991）[442]。

表2–1　1949年中国主要工业产品产量与美国、印度比较
（国家统计局，1983）（国外经济统计资料编辑小组，1981）

产品名称	单位	中国		美国		印度	
		产量	%	产量	为中国倍数	产量	为中国倍数
原煤	亿吨	0.32	100	4.36	13.63	0.32	1
原油	万吨	12	100	24 892	2 074.33	25	2.08
发电量	亿吨	43	100	3 451	80.26	49	1.14
钢	万吨	15.8	100	7 074	447.72	137	8.67
生铁	万吨	25	100	4 982	199.28	164	6.56
水泥	万吨	66	100	3 594	54.45	214	3.24
平板玻璃	万标准箱	108	100	—	—	—	—
硫酸	万吨	4.0	100	1 037	259.25	10	2.5
纯碱	万吨	8.8	100	355	40.34	1.8	0.20
烧碱	万吨	1.5	100	202	134.67	0.6	0.40
金属切削机床	万台	0.16	100	11.6	7.25	—	—
纱	万吨	32.7	100	171	5.23	62	1.90
布	亿米	18.9	100	76.8	4.05	34.6	1.83
火柴	万件	672	100	—	—	—	—
原盐	万吨	299	100	1 413	4.73	202	0.68
糖	万吨	20	100	199	9.95	118	5.9
卷烟	万箱	160	100	770	4.81	44	0.28

第三节 地域性的科学革命和技术革命

中国人“师夷之长技”由引进机器设备、掌握工业生产技术和制造产品入手，而后逐步掌握生产技术的知识基础，即到“知其所以然”的学理层面，专业的教育和科研显露出其重要作用。

一、办学堂与学制改革

工业革命与科学革命中发展起来的新知识是构建工业社会所必需的。几经挫折之后，越来越多的士大夫和学者们相信，仅靠中国传统知识不足以求强、求富。但是，在以科举制主导的国子监、书院、私塾等构成的传统教育体系中，从“师夷之长技”到全面接受西洋的“格致”之学对社会精英和朝廷来说都不是轻松的抉择，复杂的社会和文化因素决定了教育改革的滞后性。

自强派及其幕僚们意识到引进近代技术需要通晓西方技艺的人才，并且提出了不同的培养思路。1862年，朝廷批准成立京师同文馆，即一所官办外语学校。后来恭亲王奕䜣主张同文馆内设天文、算学馆。李鸿章在1864年春向总理衙门建议科举取士增设“制器”一科：“欲觅制器之器，与制器之人，则或专设一科取士，士终身悬以为富贵功名之鹄，则业可成，艺可精，而才亦可集。”（宝鋆，1930）十年后，他在《筹议海防折》中又主张设局传授格致等学问：“凡有海防省分，均宜设立洋学局，择通晓时务大员主持其事。分为格致、测算、舆图、火轮、机器、兵法、炮法、化学、电气学数门，此皆有切於民生日用军器制作之原。”

率先践行培养洋务技术人才的是左宗棠、沈葆桢。他们在福州船政建厂之初就创办了“求是堂艺局”，即船政学堂。1866年船政与日意格等法国人订立五年合同，规定其使命之一是培养“能自监造、驾驶”轮船的人才。船政学堂分为前学堂和后学堂，前者培养造船人才，后者培养轮船驾驶人才。当日意格等法国人离开福州船政后，前学堂毕业生虽然不具备“推陈出新”的技术能力，但可以仿造国外设计，“监造”轮船，这基本上符合左宗棠的初衷。此外，自强运动中还创办了天津水师学堂（1880年）、天津电报学堂（1880年）、上海电报学堂（1882年）、天津武备学堂（1886年）、广东水陆师学堂（1887年）、湖北矿物学堂（1892年）、天津军医学堂（1893年）、山海关铁路官学堂（1896年）等传授技术与科学知识的新式专科学校。

除了在本土办学堂，李鸿章、曾国藩、奕䜣、容闳等人在19世纪60年代就提议派人出洋学习“巧技造作之原”，终于在1870年代初得到朝廷的批准。1872年首批30名官派幼童赴美留学，到1875年共有120名幼童留美。福州船政在自办学堂的基础上，又从1877年起派出60多人去法国、英国继续学习制造或驾驶兵船等技术。曾国藩、李鸿章、沈葆桢等人派留学生的初衷是学习外国的军政、船政、步算、制造等，以深究“推陈出新之理”（中国史学会，1961c）[140]。留美学生学业进展顺利，然而，由于担心学生们被西方同化、离经叛道等缘由，朝廷在1881年下令撤回全部留美学生，使这个留学计划半途而废，那时在美国完成大学学业的仅有詹天佑、欧阳赓等个别人。

撤回留美学生事件表明，在朝廷看来，应该学习西方科学和技术，但不可越过“中学为体”这个文化底线，这种心态有别于俄国的“脱俄入欧”和日本的“脱亚入欧”。到1895年，津海关道盛宣怀上书直隶总督兼北洋大臣王文韶，提议奏请在天津创办“天津中西学堂”。盛宣怀取了兼顾“中学”和“西学”的校名，但学堂章程中所规定的课程却都属于西学，本质上是“西学为用”。王文韶则改称“西学学堂”，上呈《津海关道盛宣怀创办西学学堂禀明立案由》，很快得到光绪帝批准（吴晓，2015）。该学堂（1902年易名为北洋大学堂），以美国的大学为蓝本，设律例（法律）、工程（土木）、矿务、机器四科，聘美国传教士丁家立（C.D. Tenncy）任总教习。大约3年后创建的京师大学堂则是戊戌变法的一项重要成果，其《章程》强调中西学的并重及会通。它起初兼有管辖各省大学堂的职能，1904年成为单纯的大学，1912年改称北京大学。北京大学校长蔡元培主张大学应研究“高深学问”，“循思想自由原则，取兼容并包之义”（蔡元培，1980）[①]。他对学校进行重大改革，重点发展文、理、法等学科，所聘教师包括陈独秀、胡适、夏元栗、翁文灏、李四光等学者。

清末最有成效的“新政”当属学制改革和废除科举，有学者认为废除科举的重要性超过辛亥革命（罗兹曼，1988）[335]。第一次鸦片战争之后，广东官员已经意识到近代军事技术的威力。除林则徐奏请造坚船利炮以制夷以外，1843年，两广总督祁塨上奏请变通科举，要求以博通史鉴、精熟韬略、制器通算、洞知阴阳占候、熟谙舆图情形五门课士，但被礼部驳回，在当时并未引起很大反响。第二次鸦片战争以后，朝野震动，自强运动（亦称洋务运动），拉开序幕。改革教

---

① 蔡元培的办学理念中有德国柏林大学“洪堡精神”的影子。清华大学曾以陈寅恪的名句“独立之人格，自由之思想”为校训。

育和科举制度以培养精于近代科技，尤其是军工技术的人才是自强运动中的一项重要举措，而数学作为近代军事科技的基础，得到了普遍重视。咸丰末年，冯桂芬于其《校邠庐抗议》中呼吁变通科举取士制度。1870年，闽浙总督英桂、船政大臣沈葆桢等奏称：水师之强弱，以炮船为宗，炮船之巧拙，以算学为本……因请“特开算学一科”。1874年，李鸿章奏请特开洋务一科。1884年，国子监司业潘衍桐请另开艺学科，凡精工制造、通知算学、熟悉舆图者，均准与考。1887年，江南道监察御史陈琇莹奏称：西法虽名目繁多，要权舆于算学。洋务从算学入，于泰西诸学，虽不必有兼数器之能，而测算既明，自不难按图以索。请求朝廷对精于数学的考生宽予录取。

1887年，总理衙门会议算学取士，由礼部确定其取法为：“报考算学科者，除正场仍试以《四书》经文、诗、策外，其考试经古场内另出算学题目，果能通晓算法，即将原卷咨送总理各国事务衙门复勘注册。俟乡试之年，按册咨取赴总理衙门，试以格物测算及机器制造、水陆军法、船炮水雷或公法条约、各国史事诸题，择其明通者录送顺天乡试。如人数在二十名以上，统于卷面加印‘算学’字样，与通场士子一同试以诗、文、策问，每于二十名中取中一名。卷数最多亦不得过三名，以示限制。凡由算学中式之举人，应仍归大号，与各省士子合试，凭文取中。此项人员，若于会试中式后，得用京职，恭候点派数员作为同文馆纂修，俾专讲习。嗣后或游历外洋，或充出使等差，均可随时奏派，因材器使。”1888年，“乡试，总理各国事务衙门将各省送到生监及同文馆学生试以算学题目，共录送三十二人”，“取中一名”举人。然而，一来考试范围太大，既要与其他应试者一样进行正规考试，又要试及各种西方科技知识；二来取额太少，“天姿英敏之人，制艺之外，力能兼通西学。一经编入算学，虽有佳文，反致限于额不能取中”。遂至报考乏人。“此后历科乡试均以不满二十名，散入大号。”几经努力，算学科终于得以开办，但由于考试方法及录取制度的缺陷，并没有达到预定的目的。

增设算学科是清代末年为了适应社会需求进行政治和教育体制改革的一个举措。科举考试本质为选拔符合儒家传统道德规范的官员的制度。虽然由于考试程式的教条化而弱化了它原本的功能，但其基本理念一直未变。近代科技与数学的重要性虽然在当时已得到普遍认可，如何在原有的科举考试体系中选拔出掌握近代科技知识的人才成为此改革的难点，礼部制定的算学科考试方法是改良式改革的一个尝试。然而，近代科技人才需要长期专业的培养，这必然会影响他们的科举课业。科学技术的发展需要对传统的人才观和政治体制进行根本的变革，这便注定了这一局部的改革无法取得成功。

甲午海战失败之后，传统政体受到了全面挑战，要求变更甚至取缔科举制度的呼声更为强烈。1904年9月2日，应袁世凯、张之洞、赵尔巽、周馥、岑春煊、端方等所请，废除科举。中国的数学教育开始纳入现代教育范畴之中。

张之洞既是儒家伦理纲常的维护者，又是西学和实业的提倡者。1901年，他与刘坤一奏请培养兼通西学与中国经典的新人。1902年，他建议逐步废除科举制。同年，管学大臣张百熙参照日本学制，拟订了《钦定学堂章程》（即壬寅学制），其内容涵盖小学、中学、大学三级学制及实业教育与师范教育的学制。1903年，张百熙、荣庆、张之洞受命重新拟订学堂章程，其成果是1904年1月公布的《奏定学堂章程》（即癸卯学制），其中高等实业学堂分为农业、工业、商业和商船（航海）四种。

学制改革和废除科举的作用超出倡导者的预期①。从此，政府选拔精英的模式被打破，研习儒家经典不再是走向仕途的必由之路，儒学的主体地位被弱化；西学从制度上确立了合法地位，将在开启民智和造就新人方面产生深刻而广泛的影响。科学技术将跻身主流教育，使中国的文化结构发生变化，并对工业化和现代化进程产生了深远的影响。学制改革前后，一些省陆续兴办新式学堂，以儒学抵制西学的企图已无济于事。入民国之后，浙江大学、中央大学、清华大学、北京大学、武汉大学、中山大学、山西大学、东北大学等遵循欧美高校体制的大学初见规模②，发展了理、工、农、医主要学科的本科教育，个别学校还尝试了研究生教育③。此外，教会或其他外国机构在华也创办了一些大学，如金陵大学、北京协和医学院、燕京大学、同济德文医学堂等。

科学技术地位的提高使得官方调整政策，激发了人们的留学热情。1903年，清政府颁布张之洞起草的《鼓励游学毕业生章程》，规定学成归国者可以被授予功名、得到官职。与平均每年百余名规模的留美学生相比，留日人数要多得多，在1903年就有1 300名，1906年竟然增加到12 000名（董光璧，1995）[347—348]。留美学生以攻读理、工、农、医等学科为主，而留日学生大多数是学习非科技的，以寻找

---

① 废科举和弱化儒学伤害了那些为准备科举考试而准备多年的士子们，这是有风险的。洪秀全在科举考试屡次失败之后，起事反清。太平军反儒家、佛寺、道院等，招致知识精英的反感，为自己树起劲敌。

② 1922年，北洋政府颁布《学校系统改革案》，其基本内容遵照了美国学制，对民国时期的教育体制影响很大。

③ 由于当时中国的大学历史尚浅，师资、书刊资料和实验室等办学条件与欧美的大学差距较大，所以大学毕业生多选择到国外继续深造，攻读硕士学位和博士学位。

解决中国社会问题的经验。在兴新学与留学的大潮中涌现出许多科学家、工程师、人文社会科学的学者以及革命者，修理工科者比较认同“科学救国”或“实业救国”的理念。

抗战爆发后，北京大学、清华大学、北洋工学院、南开大学、中央大学、同济大学、浙江大学等高等院校从北平、天津、南京、上海、杭州等城市迁往西南或西北地区，得以生存和发展。各大学以培养本科生为主，有的学校少量招收过硕士研究生，其毕业生后来在工作实践中取得了很好的业绩。1938年，北京大学、清华大学和南开大学组成西南联合大学，该校毕业生杨振宁、李政道在美国取得博士学位，后来获得诺贝尔物理学奖。抗战胜利前后，经济部、教育部、航空委员会、交通部等部门为准备战后的建设，分批选派人员赴美国、英国深造，其中一部分人员是有工作经验的年轻工程师和科学家。那些进入工厂的实习人员直接接触到先进的生产工艺和设备，掌握了在大学不易学到的技能，回国后成为技术骨干和带头人。

二、科学启蒙与科技社团

随着西方人在华扩张，反映西方社会和传播西学知识的书刊出版事业在上海等通商口岸兴起。1860年之前已有中外人士合作译书，介绍西方的科学技术知识。上海墨海书馆刊出英国传教士伟烈亚力（Alexander Wylie）和中国数学家李善兰合译的《重学》《谈天》《代数学》《代微积拾级》等书籍，介绍经典力学、天文历法、代数学、微积分等知识。

江南制造局选择译书为“师夷之长技”的一条路径。曾国藩采纳徐寿通过译书来掌握制造理法的建议，于1868年在制造局设翻译馆，任用徐寿、华蘅芳、傅兰雅（John Fryer）、伟烈亚力等人翻译“有裨制造之书”。在40多年里翻译了《汽机发轫》《制机理法》等制造方面的书籍以及《微积溯源》《决疑数学》《声学》《光学》《电学》《化学鉴原》《化学考质》《地学浅释》《金石识别》等科学技术教科书或专著，系统介绍了形成于西方的近代数学、物理学、化学、地质学、矿物学、冶金、化工等学科。翻译馆所译书籍对江南制造局的外国工程师未必有多大帮助，却成为传播西方科技知识的重要读物，曾被武备学堂、水师学堂等新式学校所采用，对当时不懂外语的西学提倡者和学习者们帮助尤甚。

江南制造局和墨海书馆等所译书籍以及《格致汇编》[①]等书刊在科学启蒙方面发挥了突出的作用，这超出了洋务派官员们的见识，是他们始料未及的。康有为、梁启超、谭嗣同等学者从这些书中找到了维新变法的科学依据。典型的例子是进化论对中国社会的影响远早于对中国人研习生物学的影响。

从自强运动到新文化运动，中国经历了从引进技术和知识到科学启蒙，形成了对科学的基本意识（董光璧，1995）[397]，并认可了科学技术在西方社会取得的成果。新文化运动促成思想解放，这为科学事业的兴起与繁荣创造了条件。

福州船政学堂毕业生、曾留学英国皇家海军学院的严复翻译了赫胥黎（Thomas Henry Huxley）的《天演论》，宣扬“物竞天择，适者生存”的社会进化论观点。此书在1897年底刊出后，在中国社会引起波澜，成为维新变法的思想利器，激发了人们自强图存的意识。

---

① 自强运动时期，来华西方人参与科学书刊出版渐成风气。例如，傅兰雅在1874年参与创办上海格致书院，1876年创办中国第一种科学期刊——《格致汇编》；京师同文馆总教习丁韪良（William Alexander Parson Martin）编译《格物入门》七卷；艾约瑟（Joseph Edkins）编译《西学启蒙》十六种。

梁启超在1922年8月发表《科学精神与东西文化》一文，主张应提倡中国所缺乏的“科学精神”（董光璧，1995）[316]。这种观点很有代表性。

在早期工业化和科技教育发展的进程中，工程师、科学家和西医医生成为中国社会的新角色以及现代科学技术在中国落地生根的奠基者。他们是新式学堂和留学运动所造就的，是后来的政府和企业所需的新型人才。他们彼此认同身份和职业，在19世纪末就开始形成自己的学术共同体。他们所建立的各种学会通过办期刊、学术研讨等形式，推动学科建设、学术交流①、科学研究和科学普及，彰显了科学技术在现代化进程中的重要社会功能。

詹天佑是首批留美幼童，毕业于耶鲁大学土木工程专业，回国后曾在福建水师、福州船政等处供职，1909年主持修筑成京张铁路，成为第一代受过高等教育的中国工程师的杰出代表。他在1912年主办粤汉铁路时，发起成立中华工程师会并当选为会长。该学会与工学会、铁路同人共济会合并（1915年改称中华工程师学会），其会员有148名，主要来自企业、大学，特别是铁路系统。1918年留美学者在纽约成立中国工程学会，会长为陈体诚，董事包括侯德榜等六人，发起会员有84名。1931年中华工程师学会与中国工程学会决定合为中国工程师学会，其会刊是1925年创刊的《工程》。中国工程师学会成为国内最大的社团之一，到1937年会员数超过3 000名。会员们不仅在实践中解决了大量的技术问题，还传授知识、研讨学术，筹划国家工业建设。中国工程师学会将金质奖章颁发给凌

① 有些学会还有外籍会员，甚至以西文出版学术期刊，表现出了一定程度的国际化。

鸿勋、侯德榜、茅以升、孙越崎、支秉渊等九名工程师，以表彰他们在主持修筑铁路、制备纯碱、建造钱塘江大桥、开发煤矿和玉门油田、制造内燃机等方面的突出成就。

自然科学的最大学术团体则是中国学者在美国创建的中国科学社。1914年6月，任鸿隽、赵元任、秉志和胡明复等留美学生商定以科学社（Science Socity）名义发起筹办一种向中国人介绍科学的杂志（樊洪业，2005）。1915年1月《科学》月刊在上海创刊。它刊文介绍新的科学进展，发表中国学者的学术论文，是1960年以前中国发行时间最长、影响广泛的科学期刊。科学社在1915年10月由办刊机构改组为社团性质的中国科学社，以“联络同志，研究学术，共图中国科学之发达”为宗旨，社长为任鸿隽，社员的背景包括理、工、农、医等学科。1918年，其总部由美国迁回国内。作为科学家们的学术平台，科学社传播科学知识，提倡科学方法和科学精神，在新文化运动中扮演了重要角色。科学社还将设立各科研究所列为主要工作之一，并在1922年创建生物研究所，它的许多研究工作在中国生物学史上具有开创意义。到1949年，社员已有3 776人，成为当时中国影响最广泛的科学社团。

除了以上综合性工程和科学社团之外，还有一些专门的学会，如上海农学会（1897年）、中国药学会（1907年）、中国化学会（1908年）、中国地学会（1909年）、中华医学会（1915年）、中华农学会（1917年）、中华森林会（1917年）、中国地质学会（1922年）、中国天文学会（1922年）、中国气象学会（1924年）、中国生理学会（1926年）、中国化学工程学会（1929年）、中国航空工程学会（1934年）、中国电机工程学会（1934年）、中国机械工程学会（1936年），等等。其中，中华医学会由伍连德等人在上海发起成立，第二年会员数就超过1 500人。会长伍连德为生于马来西亚的华裔，1905年在英国剑桥大学获得医学博士学位，1907年应袁世凯之邀到中国工作。1910年和1920年东北流行鼠疫，伍连德在主持防疫工作中做出重要贡献，因此曾被提名诺贝尔奖。

三、科学研究事业

自强运动时期，清政府专注于发展军事工业，开办了与军工相关的学堂和翻译馆，中国学者表现出很好的科学天赋①。在学制改革之后，无论是清政府，还是北洋政府，都未将科学研究建制化。1918年蔡元培为中国科学社募集基金时曾说："当此科学万能时代，而吾国仅仅有此科学社，吾国之耻也。"

地质学、生物学和考古学是20世纪前半叶在中国发展较快较好的学科（周培源，1980）。例如，1913年建立的地质调查所发展较快。黄汲清认为它是民国时期唯一"具有国际水平"的官办科学事业（王仰之，1996），竺可桢认为它"可与国外相抗衡"（竺可桢，1932）。它在矿产资源和土壤资源的调查研究及地质图绘制等方面做了大量开拓性工作，为国家资源开发、经济建设和国防建设提供了科学依据。同时，它在理论研究方面也颇有建树，如翁文灏提出了"燕山运动"及相关的金属矿床形成理论。一些外国地质学家加盟地质调查所，在古动物学和古人类学等方面取得了高水平的研究成果。

孙中山在1924年就提出设"中央学术院"为全国最高学术研究机关。国民政府在1927年设立大学院，1928年成立中央研究院，两院均

① 徐寿擅长于制器、化学等，是晚清科学家中的代表人物。他所做的律管研究得到英国《自然》杂志编辑部的肯定（董光璧，1995）[250]。

由蔡元培任院长[①]；1929年又设北平研究院。两个研究院较社团性质的中国科学社更有利于将资源稳定地投入到科学研究之中[②]，标志着科学研究被建制化地列入国家使命。

中央研究院作为“中华民国最高学术研究机关”，主要任务是“实行科学研究，并指导、联络、奖励全国研究事业”，到1930年已建立天文、气象、物理、化学、地质、工程、心理学、历史语言、社会科学等研究所和自然历史博物馆（林文照，1988；樊洪业，1985）。自然历史博物馆在1934年改为动植物研究所，20世纪40年代又分为动物研究所和植物研究所，并新增数学研究所和医学研究所筹备处。1948年，研究所及研究所筹备处达到13个，凝聚了以陈省身、陈寅恪、傅斯年、侯德榜、胡适、华罗庚、李四光、钱三强、翁文灏、吴大猷、吴有训、赵九章、竺可桢等为代表的一批人才。那时，中央研究院以“学术自由”为原则，在自然科学、工程科学、人文社会科学方面做出了开创性的工作。

技术与产业关系密切，技术的发展主要依靠企业和政府主管产业的部门。民国时期，国内实验和书刊条件不足以支撑工程科学的前沿研究[③]，却存在面向低端用户的大量技术需求。中央工业试验所主要面向技术和设备落后的民营工业，致力于调查研究工业原料，改良

---

① 蔡元培比较熟悉欧美的教育和科研。他以清朝进士和翰林院编修的身份，于1907—1911年间在德国莱比锡大学学习，1912年秋至1916年冬先后旅居德国和法国，1920年底至1921年秋考察欧美高等教育和科研机构。

② 民国时期，能用于科学事业的资源很少。中华教育文化基金将部分庚子赔款用于科学教育和研究事业，资助了一些大学、社团、研究机构及许多学者。

③ 1939年，航空委员会在成都设立航空研究所。受实验条件和经费等因素制约，这个科研机构吸引不到高层次人才，研究水平与国际前沿差距很大。

制造技术，鉴定工业品[①]。抗战时期，在重庆等地设立机械、动力、电气、热工、材料、内燃机燃料、酿造、油脂、化学药品、制革、制糖、陶瓷、纺织染等实验室以及机械、制革、盐碱等实验工厂，做了许多“接地气”的工作。实验室先对原材料进行分析研究，根据实验结果在实验工厂做工艺试验，然后向民营工厂示范及推广，或帮助建设工厂，而工厂则向实验室提供一定的经费（顾毓瑔，1985）。

实际上，技术和应用科学研究及高等工科教育的发展水平与工业化建设的需求差距较大。中央研究院的工学研究所规模小，仅仅在陶瓷、钢铁、玻璃、棉纺织等少数领域开展学理和应用的研究。1935年，作为首任院长的蔡元培会同吴敬恒、李仲公等人联名向国民党第五次全国代表大会提出《请注意技术，以增进国力民生，特定为教育之重大方针，并修改现行只限八院之大学制，促其注重专科技术，使有分设技术学院或技术学校之余地案》，建议加强工科教育。抗战爆发后，技术教育与研究的短板更加突显，应用研究比纯理论研究更受到重视。

① 中央工业试验所成立于1931年7月，隶属实业部，1937年11月由南京迁到重庆。1938年实业部改组为经济部，试验所遂归经济部。

第三章
现代化建设与科技突破

早在1949年3月中共七届二中全会上，中共中央主席毛泽东在讲话中就提出“由落后的农业国变成先进的工业国”的奋斗目标。共产党执政后，国家能够在和平环境中进行现代化建设。20世纪50—60年代，中国先是按照苏联模式建设社会主义与工业化，后又尝试更快的发展。“文革”之后，中国实行改革开放，经济社会进入高速发展时期。世界科技革命的成果在中国的现代化进程中显现出“关键”作用。

第一节　中国式社会主义与国家现代化

中国的社会主义现代化建设是在国内外复杂因素的影响下展开的，二十世纪五、六十年代，中国建设中的一个关键问题是如何学习苏联的社会主义模式，并将苏联经验与本国的国情相结合。

一、国际关系和建设新民主主义社会

第二次世界大战结束以后，世界形成了分别以美国与苏联为首的两大集团的对峙和竞争局面，中国则形成了国共两党军事大决战的局面。在解放军取得决定性胜利之际，刘少奇率中共代表团于1949年6月26日至8月14日秘密访问莫斯科，谋求苏联的援助[①]。6月30日，毛泽东发表《论人民民主专政》，明确宣布中共将向苏联“一边倒”（毛泽东，1967）。1950年2月14日，中国和苏联签订《中苏友好同盟互助条约》和《关于贷款给中华人民共和国的协

① 按照海茵茨希的考证，刘少奇率领的代表团于6月26日抵达莫斯科（海茵茨希，2001）[307]。

定》（简称《贷款协定》）①。1953年，赫鲁晓夫担任苏共中央第一书记之后，希望借助中国的支持来加强苏联的国际地位及他在苏联的政治地位。1954年，赫鲁晓夫率代表团访问中国，开始扩大对中国经济、军事、科技、文化等领域的援助规模，使中苏关系很快达到鼎盛②。中苏结盟符合两国的战略利益。毛泽东强调："这样就便利我们放手进行国内的建设工作和共同对付可能的帝国主义侵略。"（薄一波，1991）[42]苏联有了远东安全的大屏障，壮大了社会主义阵营，得到了中国的农产品以及钨、铜、锑、橡胶等战略物资（彭敏，1989）[57]。

中苏结盟和中国"抗美援朝"加剧了美国和其他西方发达国家对中国共产党的敌视，美国直接帮助国民党防御和经营台湾。1951年5月18日，联合国大会通过了关于对中国实行禁运的提案。1952年9月，由北约成员国和日本参加的巴黎统筹委员会增设了一个中国委员会，定期公布对中国及其邻国禁运的"战略物资"清单。这样，中国就不可能直接从西方发达国家得到原材料、机器设备和技术，只能将对外经济贸易关系主要限制在苏联和东欧范围内。中苏贸易在中国对外贸易总额中的比例迅速上升到第一位。此外，中国因朝鲜战争而蒙受重大经济损失，直到1952年经济建设资金所占比重才超过国防经费（江海波，1998）[94]。1953年7月，《朝鲜停战协定》签订后，中国终

① 不久，双方还秘密签订了《关于中苏友好同盟互助条约的补充协定》。这些协定使1949年7月30日签订的中苏两党层次上所谓苏联与中共东北政府之间的"商品交换协定"变成了公开的两国政府协定。1950年的协定与1949年的协定在主要内容上是一致的。

② 赫鲁晓夫同意将斯大林时期苏联非正常占有的一些权利归还中国，取消中苏之间的不平等条约，放弃苏联在中长铁路中的权利，不必等到中苏签订对日和约就撤出驻旅顺口的苏联军队，放弃在东北和新疆的两个势力范围。

于可以集中更多资金进行经济建设。

中国共产党坚信社会主义优越于资本主义，但认为不宜过早实行社会主义政策（薄一波，1991）[22]。1949年3月，毛泽东在中共七届二中全会上宣称，新政权实行“工人阶级（经过共产党）领导的以工农联盟为基础的人民民主专政”“使中国稳步地由农业国转变为工业国，由新民主主义国家转变为社会主义国家，消灭阶级和实现大同”（毛泽东，1967）。在此基础上，1949年9月中国人民政治协商会议确定以新民主主义作为国家的政治基础。中共领导人估计“新民主主义阶段”和建成工业化国家需要15—20年时间（薄一波，1991）[27]。这个阶段的中心任务是发展生产力，并且以国营经济为主体，逐步增加社会主义经济成分，加强国民经济的计划性，同时利用、限制和改造民族资本主义工商业。

然而，中国共产党没有建设社会主义和管理国民经济的经验，因而十分看重第一个社会主义国家苏联的发展道路和体制①。中国共产党学习苏联的一个核心内容是建立计划经济体制。

二、实行计划经济和加速迈向社会主义

中央人民政府成立前后，中共中央和政务院（1954年9月改称国务院）参考苏联模式，设立了一些有关经济工作的部委②，以管理行业内重要的企业和事业单位。中共中央下属的部委包括中央财政经

① 1954年9月15日，刘少奇强调：“我们所走的道路就是苏联走过的道路。苏联的道路是按照历史发展规律而为人类社会必然要走的道路。要想避开这条道路不走是不可能的。”（刘少奇，1993）

② 起初，中共中央设立了6个行政大区（不包括西藏和内蒙古），大区下设主管本大区工业的部委。1954年撤销了大行政区，加强了中央的集中管理。东北就是其中的一个大区，那里率先用计划经济方法管理工业。

济委员会、中共中央工业工作部、中共中央农村工作部等。隶属政务院（国务院）的部、委、局、办包括国家计划委员会、财政部、重工业部、燃料工业部、第一机械工业部（简称一机部）、第二机械工业部（简称二机部）、煤炭工业部、电力工业部、地质部、石油工业部、化学工业部、地方工业部、纺织工业部、轻工业部、铁道部、交通部、邮电部、农业部、水利部、林垦部、国家建设委员会、国家经济委员会（负责年度计划）、手工业管理局，等等。这些机构的设置时间不同，有的是由原来的机构改组而成的。比如，1952年8月中央人民政府委员会第十七次会议决定，从重工业部内分设出第一机械工业部和第二机械工业部。随着以上经济管理部门的建立和国民经济发展计划的实施，逐步形成了高度集中的计划经济管理体制[①]。

1952年，国民经济恢复基本结束。毛泽东在这一年9月24日的中共中央书记处会议上提出，现在开始要用10—15年的时间基本上完成到社会主义的过渡（薄一波，1991）[214—217]。1953年6月15日，他在中央政治局扩大会议上说明了过渡时期的“总路线”和“总任务”：要在一个相当长的时期内逐步实现国家的社会主义工业化，并逐步实现国家对农业、手工业和资本主义工商业的社会主义改造，即“一化三

① 通过计划和行政命令调节经济运行，逐渐降低市场机制的调节作用。国家计委和国务院主管部委负责计划管理和综合平衡。国务院部委编制重要工业产品的生产和分配计划，上报国家计委批准后，向所属国营企业下达总产值、主要产品产量、新产品试制、重要技术经济定额、成本降低率和降低额、职工总数、工资总额等12项指令性指标，并且调配原材料等物资。企业的产品由国家统销，利润全部上缴，亏损由国家包干，职工端“铁饭碗”。1964年，中共中央和国务院尝试工业管理体制改革，批准成立12个托拉斯，即将部委的专业局改组成托拉斯形式的公司。但托拉斯体制在“文革”中被否定和批判。

改”①。“一化三改”在1954年被写入《中华人民共和国宪法》，影响了“第一个五年计划”的制订和执行。实际上，总路线的执行力度大，速度快。1956年1月，大中城市基本实现了工商业公私合营。1956年4月，全国农村基本实现了初级形式的合作化。1956年底，手工业基本转变成生产合作社。如此，预计在1967年才结束的资本主义工商业社会主义改造提前完成，国营企业在工商业中取得绝对优势。1957年，中央部委直接管理的企业猛增到9 300多个，大约占当年国营工业企业总数的16%，而工业产值接近国营工业总产值的50%（汪海波，1998）[169]。自1958年起，许多地方手工业合作社升级为地方国营工厂或其他集体工厂。经过加速过渡，“新民主主义社会”提前终结，但工业化的目标尚未达到。

1952年，中央财政经济委员会和国家计划委员会着手编制《发展国民经济的第一个五年计划（1953—1957年）》（简称“一五”计划）。考虑到政治、经济、国际环境等诸多因素，“一五”计划确定优先发展钢铁、燃料、动力、机械、军工、有色金属和化工等重工业，以奠定工业化的基础。周恩来、刘少奇在1952年先后率代表团访问莫斯科，与苏联方面商讨经济、科技、军事等援助事宜，并且就《第一个五年计划轮廓草案》向苏方取经。斯大林对中国的“一五”计划提出了原则性意见，同意帮助设计一批重点工业项目，并提供设备和贷款。1953年4月，苏方正式反馈对中国“一五”计划的意见，其要点包括：“一五”计划的基础首先是重工业；工业年平均增长速度应降到14%—15%；技术人员数量增速应大于工人数量增速。中国

---

① “总路线”的表述后来又有发展。1958年5月，中共八大二次会议同意了毛泽东提出的“鼓足干劲、力争上游、多快好省地建设社会主义”的总路线。

政府合理吸收了苏方的意见，基本照搬了苏联在工业建设、计划管理、金融、统计等方面的做法①。到1955年，国务院按照15年过渡时期总任务的精神，开始组织讨论1953—1967年远景规划和第二个五年计划的编制工作。

1956年是国际社会主义阵营不寻常的一年。2月，赫鲁晓夫在苏共二十大会议上批评斯大林的严重错误。4月，毛泽东在中央政治局扩大会议上提出“艺术问题上百花齐放，学术问题上百家争鸣”的方针（薄一波，1991）[492]。6—11月，波兰、匈牙利先后发生罢工、游行示威等严重事件。波匈事件的一个教训是如何处理国内矛盾。11月，毛泽东宣布要在全党开展一次新的整风运动，欢迎党外人士帮助共产党整顿作风。不过，鉴于“鸣放”过程中出现尖锐批评执政党等现象，毛泽东于1957年6月指示反击“右派”，进而重新判断了中国社会的主要矛盾②。

三、探索自己的发展道路及经历挫折

“一五”计划主要指标超额完成，这增强了人们对国家建设的信

① 通过编制计划，中国政府领导人对计划经济的基本规则和实施办法有了初步的认识。1954年6月，陈云在向中央汇报“一五”计划编制情况时，提到四大比例和三大平衡。其中，四大比例是指农业与工业的比例、轻重工业之间的比例、重工业各部门之间的比例、工业发展与铁路运输之间的比例（陈云，1984）。

② 1956年9月27日，《中国共产党第八次全国代表大会关于政治报告的决议》指出：“我国的无产阶级同资产阶级之间的矛盾已经基本上解决……我们国内的主要矛盾，已经是人民对于建立先进的工业国的要求同落后的农业国的现实之间的矛盾，已经是人民对于经济文化迅速发展的需要同当前经济文化不能满足人民需要的状况之间的矛盾。”（中共中央文献研究室编，1994b）[341]1957年10月，毛泽东断言：“无产阶级和资产阶级的矛盾，社会主义道路和资本主义道路的矛盾，毫无疑问，这是当前我国社会的主要矛盾……讲主要矛盾是先进的社会主义制度同落后的社会生产力之间的矛盾，这个提法是不对的。”（毛泽东，1977）

心。毛泽东在1955年底就提出“以苏为鉴”，不要迷信地学苏联。他认为中国开始找到一条适合自己的路线（毛泽东，1994b），可以比苏联发展得更快。1957年11月，他在莫斯科举行的12个社会主义国家共产党和工人党代表会议及64个共产党和工人党代表会议上，宣称15年后中国钢产量“可能赶上并超过英国”（毛泽东，1992a）。1958年5月，中共八大二次会议将赶超英国的范围由钢产量扩展到主要工业产品产量（薄一波，1993）[671—672]。其实，毛泽东更认可7年赶上英国、15年赶上美国的目标（薄一波，1993）[666]，甚至赞成两三年内就可赶超英国的钢产量（毛泽东，1992b）。一再加码的“赶超”任务将国家建设引向急于求成的“大跃进”，全国农村在1958年急速实现人民公社化①。“大跃进”的结果是欲速则不达，经济建设遭受严重挫折。于是，中共中央在1961年1月批准进行调整，采取降低工业指标、缩小基建规模等补救措施，使国民经济逐步好转。

1956年之后，中苏两国领导人在对斯大林的评价、国家利益、内政和外交政策等方面产生分歧。双方的互不信任在1958年迅速升级，主要包括：苏联提出共建一座大功率长波电台和一支联合潜艇舰队；怀疑或不看好中国的“大跃进”；为与西方国家缓和关系而推迟帮助中国发展核武器；拒绝援助中国研制战略核潜艇和远程固体燃料导弹。这些均让毛泽东十分不满。中苏两国由领导人之间的争论，发展为苏联在1960年7月决定撤回全部援华专家，直到两国的同盟关

① 毛泽东认为已经找到了向共产主义过渡的捷径，“一大二公”（追求大规模化，实现更进一步的公有制）的人民公社是共产主义的雏形（薄一波，1993）[734]。

系名存实亡。此后，中国同时与苏联、美国及其盟友对峙①，因而不得不自力更生谋发展。在1964年前后，鉴于中外关系的紧张态势和国内形势的发展②，毛泽东认为中国既面临帝国主义侵略的威胁，又存在“和平演变”的危险。他高估了美、苏发动世界大战的危险性，在1964年将经济建设的重心引向着眼于备战的“三线建设”。1964年10月，中国研制出原子弹，以科技实力提高了国际地位。

20世纪50—60年代，中国将实现工业、农业、国防和科技等方面的现代化确定为建设社会主义强国的战略任务，其近期目标是建立独立的、比较完整的工业体系和国民经济体系，使中国工业大体接近世界先进水平。然而，现代化建设目标基本上被史无前例的“无产阶级文化大革命”及其间的“以阶级斗争为纲”冲淡③。1971年10月，中国恢复在联合国的合法席位。1972年，美国总统尼克松访华，中日实现邦交正常化。这标志着中国与发达国家关系的解冻。国际关系和国家战略的转变为开展开拓国际经贸合作、引进先进技术创造了条件。

四、改革开放与建设中国特色的社会主义

1978年前后，中国发生了具有重大意义的转折，即“拨乱反正”和国家战略的根本转变，这为经济高速发展创造了政治条件。1977年，中国恢复高等院校的招生考试。1978年3月，在全国科学大会开

① 有迹象表明，苏联曾考虑对中国的核基地实行先发制人的有限的核打击（海茵茨希，2001）[681]。

② 1956年后，相继发生波匈事件、苏联搞“修正主义”、“反右”运动、“大跃进”和批判彭德怀、中苏交恶、越南战争等变故，这些对毛泽东判断形势和决策产生了影响。

③ 1966年8月，中共中央八届十一次全会正式批准在全国开展“无产阶级文化大革命”。

幕式上，中共中央副主席、国务院副总理邓小平发表重要讲话，强调科学技术是生产力，是四个现代化的关键①，重申知识分子已经是工人阶级的一部分②。5月10日，中央党校内部刊物《理论动态》发表《实践是检验真理的唯一标准》③。该文所引发的真理标准大讨论推动了思想解放，有助于冲破“两个凡是”的束缚④。同年11—12月举

---

① 1963年1月29日，周恩来在上海科学技术工作会议上指出：我们要实现农业现代化、工业现代化、国防现代化、科学技术现代化，简称“四个现代化”。把我国建设成为一个社会主义强国，关键在于实现科学技术现代化。1979年12月6日，邓小平在与日本首相大平正芳会谈时，把中国式的现代化近期目标具体描绘成：到20世纪末争取国民经济生产总值达到人均1 000美元，实现小康水平。1987年，邓小平进一步提出中国经济建设“三步走”的发展战略。党的十三大根据邓小平的这一战略构想，明确提出到21世纪中叶，人均国民生产总值达到中等发达国家水平，人民生活比较富裕，基本实现现代化。

② 中华人民共和国成立后，政府对科技人员采取了团结和改造的政策。然而，实际工作中却存在“对知识分子安排不妥、使用不当、待遇不公等问题”（薄一波，1991）[501]。1956年1月14日，周恩来坦言，低估了知识界在政治上和业务上的巨大进步，低估了他们在我国社会主义事业中的重大作用，不认识他们是工人阶级的一部分，认为反正生产依靠工人，技术依靠苏联专家……（周恩来，1994a）。“反右”扩大化使大批知识分子受到迫害。1961年，中央批准了国家科委党组和中国科学院党组负责起草的《关于自然科学研究机构当前工作的十四条意见（草案）》，在《工业七十条》中强调要把技术人员看作工人阶级的一部分，不能把钻研技术、钻研业务看作是“走白专道路”。1962年3月，周恩来、陈毅等在全国科学工作会议和话剧、歌剧、儿童剧创作座谈会上讲话，为知识分子“脱帽加冕”，号召尊重知识分子。不幸的是，这一光景没有维持多久。1966年3月，毛泽东在中央政治局常委扩大会议上断言，学术界和教育界是资产阶级知识分子掌权。这一断言给知识分子带来了一定的伤害。“文革”之后，国家恢复高考，肯定知识分子是工人阶级的一部分，这些政策调动了广大知识分子的积极性，促成了“尊重知识、尊重人才”的氛围。

③ 这篇文章很快被《光明日报》、《人民日报》和《解放军报》以及绝大多数省级报纸转载，引发一场全国范围的真理标准问题大讨论，为中央工作会议和中共十一届三中全会的召开做好思想准备。

④ 1977年2月7日，两报一刊社论《学好文件抓住纲》中写道：“凡是毛主席作出的决策，我们都必须拥护，凡是毛主席的指示，我们要始终不渝地遵循。”

行的中央工作会议讨论了全党工作重心转向社会主义现代化建设、为一些案件平反等重大问题。随后，中央于12月18—22日召开中共十一届三中全会，决定将中央和政府的工作由“以阶级斗争为纲”转向以经济建设为中心[①]，实行对内改革、对外开放的政策。

中央对中国的发展模式做了新的探索并选择了务实的发展目标，这与当年的“大跃进”形成鲜明的反差。1982年9月，中共十二大接受了邓小平提出的“走自己的路，建设有中国特色的社会主义”的观点，将经济建设的阶段性目标定为：力争使全国工农业的年生产总值翻两番，即由1980年的7 100亿元增加到2000年的2.8万亿元左右，使人民生活达到小康水平。5年以后，中共十三大将1956年到21世纪中叶基本实现现代化的历史时期定义为“中国社会主义初级阶段”，并从人口状况、经济发展水平、地区差距、科技教育文化发达程度、经济体制和政治体制等几个方面阐述了这个阶段的基本特征。

十一届三中全会以来中国实行改革开放。改革最早始于农村，即推行家庭联产承包责任制[②]。1982年，中共中央发布“一号文件”，肯定了“包产到户”“包干到户”等姓“社”的生产形式，使农村更加解放思想地推行联产承包责任制。农村改革解放了农业生产力，导致

① 作出以经济建设为中心的决策，还与中央对世界战争的判断及对外政策相关。毛泽东曾认为应该为早打、大打和打核战争做准备，而邓小平却认为和平与发展是当代世界的两大主题，在较长时间内可能不会发生大规模的世界战争。1980年5月18日，中国成功试飞东风—5洲际弹道导弹，这种最大射程可达12 000公里的“利器”亮相在1984年的国庆阅兵式上。1985年6月，邓小平同志在军委扩大会议上宣布解放军二年内裁减员额100万。

② 1978年，安徽省凤阳县小岗村的18位农民画押立“生死状”，将村内土地分开承包，实行包产到户。第二年小岗村就粮食大丰收，解决了温饱问题，摆脱了吃粮靠返销的局面。小岗村的这一冒险之举拉开了中国农村改革的序幕。

人民公社体制的瓦解及粮食统购统销等政策的废止，也为城市经济改革创造了有利的条件。对外开放的主旨是积极发展对外经贸往来与合作，引进国外先进技术、资金和管理经验。1980年，中央支持广东和福建两省在深圳、珠海、汕头和厦门试办经济特区，后来又陆续开放沿海14个城市。这些开放城市成为改革的试验区和对外开放的窗口，促进着经济体制的改革。

市场经济与社会主义是怎样的关系，这是改革遇到的极富挑战性且事关全局的问题。邓小平的有关阐释解除了把计划经济和市场经济看作姓“社”或姓“资”的标志的思想束缚①。1984年，中共十二届三中全会通过了《中共中央关于经济体制改革的决定》，认定社会主义经济是“公有制基础上的有计划的商品经济”，改革的中心环节是增强企业活力。1992年在邓小平南方谈话之后，中共十四大做出明确指示：“我国经济体制改革的目标是建立社会主义市场经济体制”，“要使市场在社会主义国家宏观调控下对资源配置起基础性作用”。这种认识转变对体制改革和现代化建设具有重大而深远的意义。

20世纪90年代以来，国际形势的深刻变化，给中国带来了新挑战和新机遇。1995年和2012年中央和国务院分别确定了两个十年的发展目标：1995年5月宣布实施“科教兴国”战略，9月提出2010年要实现国民生产总值比2000年翻一番，要求做到经济体制和经济增长方式的

① 1979年，邓小平指出：“说市场经济只存在于资本主义社会，只有资本主义的市场经济，这肯定是不正确的。”“社会主义也可以搞市场经济。”1985年，他肯定地说：“现在看得很清楚，实行对外开放政策，搞计划经济和市场经济相结合，进行一系列的体制改革，这个路子是对的。”1992年初，他在南方谈话中再次强调：“计划多一点还是市场多一点，不是社会主义与资本主义的本质区别。”这进一步打消了人们对市场经济姓“资”还是姓“社”的疑虑。

转变；到2012年，中共十八大又对全面建成小康社会提出了新要求，包括到2020年“实现国内生产总值和城乡居民人均收入比2010年翻一番”。这些战略目标对深化改革和经济社会发展有着广泛的影响。

第二节　大规模工业化与技术转移

20世纪50年代初的经济恢复是在1949年留下的2 700个大企业（费正清，1990）[74]，以及民营工业、农业和手工业的基础上进行的。其中多数企业是接收国民政府经营的厂、矿、公司等。仅资源委员会就主办了121个公司或总机构，共有1 000个生产单位和若干研究勘测及服务性事业单位，职员32 800多人，工人60—70万人。其中，职员的40%为大学毕业的技术人员或管理人员；工人中约有22万技术工人（季树农，1988）。资源委员会在大陆的全部企业和员工是中华人民共和国建立之初国营工业的基本力量。

20世纪50年代初，中央人民政府努力发展国营工业，鼓励发展民营工业，发挥了原有管理人员和技术人员的聪明才智。经过3年的努力，中国工业在1952年恢复到40年代的最好水平，已经能够生产大型的机床、冶金设备、发电设备等。在钢铁工业领域，主要恢复和发展鞍山钢铁公司，其钢铁产量逐步回升。1949—1952年，鞍钢生铁产量为211.95万吨，占全国生铁产量的45.9%；钢产量为191.9万吨，占全国钢产量的63.58%；钢材产量为109.93万吨，占全国钢材产量的

46.83%（鞍钢史志编纂委员会，1991）。在有色金属方面，重工业部迅速恢复了原来停产的工厂和矿山，并扩建和新建了若干冶炼厂，使铜、铅、锌、锡、锑、汞6种金属在1952年的总产量比1949年增加了4.4倍。到1952年，许多工业生产基本上恢复到战前的最高产量，国家资本主义已有相当程度的发展，国营工业在工业总产值中所占比重已超过50%。

一、大规模工业化建设

随着计划经济体制的形成，工业化建设以空前的规模和水平在全国展开。“一五”计划规定，集中主要力量进行以苏联帮助我国设计的156项建设单位为中心的、由限额以上的694个单位组成的工业建设（中共中央文献研究室编，1993b）[410—411]。这些项目基本属于冶金、机械制造、电力、煤炭、石油和化工原料等资金密集型的重工业，其中与国防相关的项目占有一定比例。实际施工的工矿建设项目超过10 000个，其中大中型项目由694个增加到921个。苏联援建项目在5年内需要110亿元资金，直接配合这些项目的143个限额以上的项目需要18亿元资金①，二者合计占工业基本建设投资248.5亿元的51.5%（中共中央文献研究室编，1993b）[422]。中央政府直接安排绝大部分基本建设投资，苏联则为骨干项目提供了技术和设备，沿海工业基础较好的省市向内地输送了大批技术员和技术工人。这种产业发展和投资战略与20世纪30年代的苏联相似（费正清，1990）[164]。

① 国家规定了各类基本建设单位的投资限额。如果一个单位的全部投资额大于限额，这个单位就是限额以上的建设单位；如果小于限额，它就是限额以下的建设单位。钢铁、汽车制造、拖拉机制造、船舶制造、机车车辆制造等工业的投资限额为1 000万元，有色金属、化工、水泥业的投资限额是600万元。

“一五”时期工业化建设非常成功，工业建设项目中全部投产的有428个，部分投产的有109个；国营工业的机械化、电气化水平和生产能力都显著提高，产品种类大量增加，产值和主要产品的产量大幅度增长（表3-1）。1957年，钢产量达到535万吨，比1952年增长近3倍；原煤产量达到1.30亿吨，增长98.5%；发电量达到193亿度，增长1.64倍；原油产量达到146万吨，增长2.3倍；水泥产量达到686万吨，增长1.4倍；化肥产量达到15.1万吨，增长3.9倍；农药产量达到6.5万吨，增长31.5倍；金属切削机床达到2.8万台，增长1.1倍；铁路机车达到167台，增长7.4倍；自行车产量增长9倍；缝纫机产量增长3.2倍；收音机产量增长近20倍。1956年开始生产家用电冰箱，1957年批量生产化学纤维、手表、录放音机、照相机，试生产电视机。到1957年，机械设备的自给率超过60%，钢材的自给率高达86%，合金钢的品种也趋于完备（中国科学院编译出版委员会，1960）[3]。可以说，到1957年底国家工业化已奠定初步基础。

表3-1　中国1952—1957年工业生产的增长（国家统计局，1984）[23—27]

年份	产值（亿元）			速度（以上年为100%）			比重（%）		
	工业	轻工业	重工业	工业	轻工业	重工业	工业	轻工业	重工业
1952	349	225	124	—	—	—	100.0	64.5	35.5
1953	450	282	168	130.3	126.7	136.9	100.0	62.7	37.3
1954	515	317	198	116.3	114.3	119.8	100.0	61.6	38.4
1955	534	316	218	105.6	100.0	114.5	100.0	59.2	40.8
1956	642	370	272	128.1	119.7	139.7	100.0	57.6	42.4
1957	704	387	317	111.5	105.7	118.4	100.0	55.0	45.0
“一五”时期年均	—	—	—	18.0	12.9	25.4	—	—	—

1956年9月召开的中共八大决定“在三个五年计划或者再多一点的时间内，建成一个基本上完整的工业体系”（中共中央文献研究室编，1994b）[342]。这已经是个不慢的进度，但后来还是被“大跃进”提速了。“大跃进”是从农业开始的，它以严重浮夸、高指标等为显著特征，造成了粮食生产不足等农业问题已经被解决的假象。农业浮夸和钢铁超英的梦想逼得工业也不切实际地提高指标，也进行了“大跃进”。1958年6月，毛泽东提出工业要以钢和机器为纲，以电力和铁路为先行（薄一波，1993）[698—699]，并要求1958年钢产量较上年翻一番，增加到1 070万吨。为了实现翻番，举国搞群众运动式的大炼钢铁。1958年10月，炼钢铁的劳动力就猛增至6 000多万人，小高炉、土高炉达到几百万座（汪海波，1998）[259—260]。“大跃进”如此追求速度快和数量翻番，不但未能实现预期的目标，反而造成经济秩序混乱，产业结构失调，规章制度和技术规范被轻视；产品质量普遍下降；有些重点建设项目被耽搁，资源和资金严重浪费；农业丰产不丰收，甚至发生了大饥荒①。此后，经过几年的调整，工农业总产值直到1965年才基本上恢复到之前的最好水平。

1961—1965年工业建设投资额达到327.1亿元，比“一五”时期增长了30.7%（汪海波，1998）[415]。1963—1965年施工的大中型工业项目有1 097个，其中建成投产的有243个。除了钢铁冶炼、煤炭、原盐、棉纺锭以外，其他工业产品的新增生产能力都超过“一五”时期。石油、化工、电子等工业的生产能力显著提高，品种大量增加。

---

① 大量农村劳动力参加钢铁冶炼、水利工程建设等，城市人口大量增加，增大了对粮食等农产品的需求。同时，中国出口到苏联的粮食和其他产品的数量在1957—1959年显著增加。然而，农产品的产量并没有因为人民公社化而“跃进”到高水平，而是导致了大饥荒的发生。

例如，冶金工业已能炼制高温合金钢、高纯度合金钢、有色稀有金属等，机械工业能够制造大型、复杂、成套和高精密度的设备。到1965年，原油开采量比1957年增长6.5倍，实现了原油和石油产品的自给①；化肥生产量增长近11倍。显然，随着新工业基地的形成②，工业布局得到了改善。

工业化建设和技术引进都需要大量的资金。国内筹措的建设资金要比苏联在1951—1955年提供的12.74亿新卢布（折合人民币53.68亿元）的贷款多得多（吕学剑 等，1989）。在人均粮食产量不高的年代，工业化和城市化的发展使人们对农产品的需求日益增大。面对尖锐的粮食产需矛盾，1953年12月除西藏和台湾外，全国开始实行粮食“统购统销”。主要农产品和某些工业品的统购统销、统购包销不仅稳定了物价，还使政府能够利用工农产品的剪刀差，为工业建设积累资金，也可用农产品及由农产品加工成的轻工业品等换取国外的机器设备和其他物资。农产品统购统销政策持续了32年，长期维持着工农业产品的剪刀差，这虽然保证了工业的高投入，却弱化了农业的积累和发展能力。

民以食为天。农业问题在很长一段时期里得不到解决。毛泽东强调农业的根本出路在于机械化生产。但到1965年底，农村中仅有近10万台拖拉机，机耕面积不到全国耕地面积的10%，而且主要是在国营农场中实行机耕（鲍里索夫 等，1982）[296]。

---

① 20世纪50年代，中国的石油和石油产品主要从苏联进口，国内生产石油的企业主要是40年代开发的甘肃玉门油田。50年代晚期在东北松辽流域发现了大庆油田，60年代石油产量迅速增加，再加上苏联援建的兰州炼油厂、大庆炼油厂等项目的建成投产，石油的精炼能力也大幅度提高。

② 武汉钢铁基地、包头钢铁基地、兰州石油化工基地等都是苏联援助的。

二、援建工业项目与技术转移

苏联技术最初随着援建的国营工业项目来到中国。通过引进成套的机器设备及其制造工艺和设计技术，中国产业在原材料、能源、机械、电工、兵器等领域较快地形成生产能力，直接取得经济和社会效益，并促使中国科研机构消化并研究随着工业项目而来的苏联产品的设计技术、制造工艺、工业技术标准等。

1. 苏联援建工业项目

中国在1949年上半年就积极争取苏联的经济技术援助，斯大林表示愿意提供帮助。到1952年底，中苏两国已达成由苏联援助中国建设和改造50个重点项目的协议。1953年5月，中苏两国政府代表在莫斯科签订关于协助中国新建和改建91个工业企业的协定。1954年10月，赫鲁晓夫和周恩来分别率领政府代表团在北京举行会谈，双方签订了《中苏关于帮助中华人民共和国政府新建十五项工业企业和扩大原有协定规定的一百四十一项企业设备的供应范围的议定书》和其他相关协定，使苏联援建项目达到了156个。1955年，中苏又签订16个援建工业项目的协议。经调整后共确定了154项，但实际施工的只有150项，其中煤炭工业25项，电力工业25项，石油工业2项，有色金属工业13项，钢铁工业7项，化学工业7项，机械工业24项，兵器工业16项，航空工业12项，电子工业10项，船舶工业4项，航天工业2项，轻工业和医药工业3项。因刚开始公布的是156项，故后来仍称“156项工程”（薄一波，1991）[297]。这150个工业项目占了“一五”时期工业总投资的50%左右，从苏联进口的成套设备等占了工业总投资的30%（费正清，1990）[184]。

1956年之后，中苏分歧逐渐加大，但是周恩来、李富春、聂荣臻等领导人仍然与苏联领导人协商，争取更多的工业和科学技术援助项目，加紧引进与国防有关的技术和其他基础制造技术。1958年8月，中苏两国签订了《关于苏维埃社会主义共和国联盟在技术上援助中华人民共和国建设和扩建47个工业企业的协定》。1959年2月，周恩来与赫鲁晓夫在莫斯科正式签订了《苏维埃社会主义共和国联盟在技术上援助中华人民共和国建设和扩建78个工业企业的协定》。该协定在援助的原则、条件、方式等方面与1958年签订的47项协定相似。这些项目的总规模同"一五"时期的同类项目相比，一般都增加了2倍以上（国家计委党组，2003）。苏方要尽可能满足冶金、电站、机械制造这3个关键重工业部门的需要。

据统计，苏联在20世纪50年代援助中国建设和提供成套设备的项目共有304个（彭敏，1989）[53]，其中近1/3属于军事部门（海茵茨希，2001）[671]，它们构成了基础工业和国防工业的基本骨架。苏联和东欧援建项目改变了此前中国70%左右的工业集中在沿海地区的布局①。例如，"156项工程"的106个民用工业企业中，有50个设在东北，32个设在中部；44个国防企业中有35个设在中、西部地区。之所以这样安排布局，主要是考虑到了以下因素：（1）资源分配。冶金化工企业安排在矿产资源和能源充足的地区，机械工业安排在原材料产地附近，这有利于资源的合理分配与利用。（2）经济平衡。沿海地区的经济通常优于内陆地区，而这种布置方式恰好有利于改变经济落后的内陆地区的面貌。（3）军事需要。从国防安全考虑，应把新企业设在后方②。

① "一五"期间，捷克斯洛伐克、波兰、匈牙利、罗马尼亚、保加利亚等国答应援建116个工厂，另为88个工厂提供部分设备（彭敏，1989）[52—53]。

② 薄一波称，"从国防考虑，从安全考虑，是当时确定厂址的主要因素之一"（薄一波，1991）[299]。

为了确保苏联援建项目的实施进度，中国政府采取很多措施，动员各方面的力量，为建设苏联的项目创造条件。到1957年底，苏联援建的146个施工项目中有68个全部或部分投产①，东欧援建的64个项目中有27个全部或部分投产（彭敏，1989）[55]。投产项目中有飞机、汽车、新式机床、发电设备、矿冶设备等制造企业，也有合金钢和重要有色金属冶炼企业。苏联援华项目对中国新增生产能力的贡献突出（表3-2）。

表3-2　引进技术对新增生产能力的贡献
（国家计划委员会对外经济贸易司　等，1992）[13]

产品名称	单位	50年代引进装置投产的生产能力	占1960年底累计全国基建新增能力的比重（%）
生铁	万吨	500	35
钢	万吨	650	42
钢材	万吨	489	58
铜	万吨	2.5	21
钨	万吨	4.1	34
原煤	万吨	2 570	13
发电机组容量	万千瓦	450	45
合成氨	万吨	22.5	45

苏联的企业从中国得到大量的订单，并且尽力满足中国的订购愿

① 苏联外交部第一远东司司长库尔久科夫签名的1957年3月29日记录材料表明，苏联将援建中国211个企业和27个单独车间，并提供价值为96亿卢布的设备。1951—1956年，有26个企业建成投产，31个企业部分建成，另有17个单独车间和工厂也建成投产，苏联工程师、工长和工人等专家共5 092人在华工作（冈察连柯，2002）。

望。在“大跃进”初期，苏联几乎所有的经济区都接受了中国订货的生产任务，援华项目所需设备占用苏联设备制造能力相当大的比重。例如，1960—1966年苏联计划每年供应中国的轧钢设备约占其当年产量的1/3。20世纪50年代末，苏联向中国出口的机器设备和其他物资大量增加，甚至超额提供了工业品（鲍里索夫 等，1982）[123]。不过，苏联对中国随意改变项目计划和合同的做法不满，因为这样给苏联造成了困难。苏联的企业要承担事先安排的生产任务，设计单位也有自己的工作计划，不可能为中国的随时需要而预留生产能力，不易随时变更工作计划。

2. 援建项目中的技术转移

为了建设援华的工业项目，苏联相关机构和人员参加了地质勘测，厂址选择，搜集基础资料，确定企业的设计任务书，进行各个阶段的设计，提供机器设备，指导建筑施工、设备安装和调试，提供产品设计和技术资料，培养技术管理骨干等工作。中国重视在各个环节向苏联学习，使得科研、设计、生产工艺和设备制造等方面的能力随着设备和技术的引进、消化、吸收而逐步提高。

（1）生产工艺和成套设备

苏联和东欧国家首先提供了厂矿的设计，特别是工艺设计和相关机器设备设计、建筑设计等。他们的工程设计院和对口企业承担了援华项目的方案拟订和论证、工程设计、图纸和资料准备等。

苏联和东欧提供的机器设备在煤矿、电站、钢铁冶炼和加工厂、有色金属厂矿、稀有金属厂矿、化工厂、机床工具制造厂、重型机器制造厂、汽车制造厂、拖拉机制造厂、铁路车辆厂、飞机制造厂、坦克制造厂、动力和发电设备制造厂、矿山机械厂、石油机械厂、电工器材厂、仪表厂、无线电厂、特种纸厂、糖厂、制药厂等企业中均有配备（表3–3），提升了中国企业的工艺水平，填补了很多技术空白，使工业品的生产能力大幅度提高（张柏春　等，2004）[89]。

表3–3　20世纪50年代从苏联、东欧引进设备概况表（彭敏，1989）[53]

设备来源	设备类型	数量（项）	建成或基本建成（项）	废止合同（项）	继续建设（项）
苏联	成套设备	304	149	89	66
苏联	单独车间或装置	64	29	35	—
东欧	成套设备	116	108	8	—
东欧	单机	88	81	7	—

按照俄罗斯外交政策档案馆保存的资料统计，苏联援华企事业建设项目的出口总值为9 409亿卢布，其中设备的出口值达8 394亿卢布，技术援助的出口值达1 015亿卢布，这大约占苏联年国民收入的7.7%（冈察连柯，2002）。中国的统计数字是，1950—1959年引进苏联技术设备投资76.9亿旧卢布，引进东欧技术设备投资30.8亿旧卢布（彭敏，1989）[54—55]。

（2）技术资料

在帮助中国建设各个项目时，苏联也提供了各种工厂设计图纸、产品设计图纸、工艺和其他技术资料。除了“156项工程”之外，苏联还向中国694个限额以上的工厂提供了技术资料，包括一些不在合同中规定的技术资料①。

中国描述当时的情况称：“到一九五九年，中国从苏联和东欧各

① 举例来说，按照合同规定，苏联只须为第一汽车制造厂提供吉斯150型载货汽车的设计资料。但当中国想要仿造吉斯157型越野车时，苏联也提供了这种车的产品设计图纸。

国获得了4 000多项技术资料。苏联提供的主要是冶炼、选矿、石油、机车制造和发电等建设工程的设计资料；制造水轮机、金属切削机床等的工艺图纸；生产优质钢材、真空仪器等工业产品的工艺资料。东欧各国提供的主要是工业、卫生、林业、农业等方面的技术资料。这些资料对提高中国工农业的技术水平和新产品的生产有着重大的意义。而且，在相互提供技术资料时，采取的是互相支援的优惠办法，不按专利对待，仅仅收取复制资料的成本费用。”（彭敏，1989）[56—57]

中国接受了苏联的产品设计图纸、工艺和其他技术资料，也就意味着接受了苏联的技术标准和工业标准。苏联提供给中国的技术资料中就包括了各种标准。例如，机械工业的技术标准多数是参考50—60年代苏联标准制订的（张柏春　等，2000b）[413—451]。

中国还从苏联得到了大量的科技书籍和期刊（鲍里索夫　等，1982）[154]。仅在1951年中国就得到了苏联科学院、各共和国科学院和苏联其他科学机构出版的32 000册书刊。1952年，苏联免费提供了近5 000种书籍，其中许多被列入了中国出版社的翻译和出版计划。同年，中国出版了756种、860万册苏联书籍的中文译本。在以后的几年里，苏联书籍以更大规模被翻译成中文并在中国出版。

（3）产品设计与制造技术

通过援建项目的成套设备、工艺资料和其他技术资料，苏联直接向中国提供了重型机器设备、机床、量具刃具、动力设备、发电设备、矿山机械、采油设备、炼油设备、汽车、履带式拖拉机、铁路机车、仪表、轴承、开关、整流器、胶片、重型火炮、坦克、坦克发动机、喷气式战斗机、飞机发动机、火箭等产品的设计和制造技术，以及合金钢、石油产品等加工技术。东欧国家提供了仪表、无线电零件等产品的设计和制造技术。其中，大多数产品是中国过去没有的类型与规格，即使有，也是很落后的。

仿造是后进国家生产新产品的一个比较有效的途径。“156项工程”所需设备，由国内机器制造厂分交供货的比重，按重量计算是52.3%，按金额计算是45.9%①。由国内分交制造的设备中，大部分由苏联供给产品图纸（张柏春，2000b）[413—451]。按照苏联论著的说法，1952—1957年，中国生产的51 000台金属切削机床中，有43 500台是按照从苏联得到的工艺资料生产出来的（鲍里索夫　等，1982）[153]。1957年以后，中国为新建项目制造配套设备的能力显著提高，减少了对部分苏联设备的需求。

产品设计图纸并不是设计技术的全部，但它为仿造苏联产品奠定了基础。中国技术人员消化苏联的产品设计图纸和相关资料，甚至测绘了进口的苏联机器设备，分析和揣摩苏联的设计思想和方法，并以此为基础仿制出一些新产品。同样，中国技术人员也模仿已经引进的产品制造工艺，将其用于制造类似的产品。通过技术实践和消化苏联提供的技术资料等，中国的企业和设计机构具备了重要产品的设计能力。1957年，哈尔滨电机厂设计了10 000千瓦的水电设备，大连机车车辆厂设计了1–5–1大型货运机车等。

中国基本上得到了苏联比较先进的技术和设备，使自己的技术水平提高到国际上20世纪40年代的水平，有的还更高一些（国家计划委员会对外经济贸易司　等，1992）[2]。钱三强回忆说：“事实上解放初期我们有了重工业一百五十六项，苏联帮助我们，的确为我们的基

① 按照1955年的另一粗略的统计，苏联设计和援建“156项工程”所需设备的30%—50%是由国内制造的（中共中央文献研究室编，1993a）[453]。薄一波在1958年2月宣布，“156项工程”建设所需设备中，由国内制造的部分将由1957年的42%左右，提高到1958年的60%左右（中共中央文献研究室编，1995）[119]。

础工业打下了很好的基础。应该说他们给我们的东西当时是相当先进的，是40年代末50年代初的水平。”（钱三强，1991）

（4）工业建设的设计任务

中国的设计工作，大致经过了三个阶段，即按照苏联等国的设计进行翻版的阶段，参照国外设计进行修改的阶段以及50年代末开始进入以模仿为基础的自行设计阶段。

大规模的基本建设为设计和施工部门增加了繁重的任务。为解决设计力量的缺口，中央财经委员会要求新、老设计机构总结设计工作的经验，研究和消化已有的苏联代为设计的资料和中国旧有企业的设计资料。1956年，周恩来说："由于努力向苏联学习的结果，我国工程界现在已经学会了许多现代化的工厂、矿井、桥梁、水利建设的设计和施工，在设计大型机械、机车、轮船方面的能力也有很大的提高。"（中共中央文献研究室编，1994a）[19]到1957年，中国设计院所已经能设计、建设一些大型的、技术比较复杂的工程（国家统计局，1959）。

鉴于中国设计和制造能力的提高以及工程技术人才培养方面取得的明显进步，中苏商定“二五”时期的苏联援华项目时，中国承担的设计和制造任务比“一五”时期增加了许多。在1958年确定的47个苏联援华项目中，有37个项目是中国自行设计的，但由苏联供应主要设备。这也说明中国已经具备了一定的厂矿设计能力和机器设备制造实力。中苏关系破裂后，中国只能在已有的技术基础上，续建苏联中断援建的66项成套设备项目，独立进行产品的设计和制造，最终某些项目取得了较好的成绩，如5万吨合成氨新系列、大庆油田、马鞍山车轮轮箍厂等项目的顺利完成。

三、三线建设与技术进步

“国民经济第三个五年计划”（简称“三五计划”）本来着眼于解决“吃、穿、用”问题，但因考虑备战而变成以国防建设为中心。1964年4月，中央军委总参谋部提出一份报告，认为工业过于集中在大城市，而大城市大多位于沿海地区并且缺少防空措施，很不利于防备突然袭击。毛泽东非常重视这份报告，在当年6月的中央工作会议上要求：“要搞三线工业基地的建设，一、二线也要搞点军事工业。”（薄一波，1993）[1199—1200]8月，国务院进而提出把一些建设项目放在三线①，并将一线的重要工厂和重点高等院校、科研机构的全部或部分搬迁到三线。中央肯定了国务院的意见，之后有关部门就开始部署三线建设，先后新建、续建、扩建大中型项目达1 475个，在腹地和西部形成常规武器、冶金、机械、航空、航天、电子和光学仪器等工业基地，如攀枝花钢铁厂、第二重型机械厂（四川德阳）。1966—1975年三线投资占到全国基本建设总投资的大约45%，这显著改变了全国的工业布局，增强了工业生产能力。

三线建设使东部的技术向西部进一步转移，同时也检验了工业实力、技术引进效果和研发能力（张柏春　等，2004）[378]。支援三线建设的许多骨干企业和研发机构是苏联援建的或者使用过苏联技术和设备的，它们为三线项目提供人力、技术、设备和原材料，从筹建、施工到建成投产一包到底。例如，第一汽车制造厂借鉴苏联援助中国建

① 一线为沿海地区，二线为中部地区，三线为后方。三线分为两部分，一是包括云南、贵州、四川三省的全部或大部分，以及湘西、鄂西地区的西南三线；二是陕西、甘肃、宁夏、青海四省的全部或大部分，以及豫西、晋西地区的西北三线。西南、西北为大三线，中部及沿海省区的腹地为小三线。

厂的经验，负责包建第二汽车制造厂（湖北十堰），把自主研发新车的成果转给新厂，并将国内的新技术、新工艺、新设备、新材料以及某些国外新技术移植到新厂。值得注意的是，三线建设规模过大，建设速度过快，往往是边勘探、边设计、边施工，且选址隐蔽，造成了多方面的后遗症。

在“文革”中，许多行业遭受严重的干扰和破坏，经济建设步履蹒跚。尽管如此，工业界在“抓革命，促生产”的口号下，使得一些主要工业产品的产量仍有不同程度的增长，其中增幅较高的有电子产品、石油、天然气、乙烯、手表和照相机等。另外，一些重点建设项目带动了技术进步，取得了一些重大技术成果，如1968年南京长江大桥建成通车，1970年长江葛洲坝水利枢纽工程开始兴建等。

到1960年，中国就能够自主设计大型的煤矿、钢铁联合企业、发电站、重型机器厂等（周恩来，1997），钢材自给率提高到93%，机器设备自给率达到85%，续建了苏联中断援建的66个项目并使之达到或基本达到原设计水平（彭敏，1989）[53]。例如，利用本国稀土资源，研制新型合金钢，取代了原来进口苏联的材料，保障了汽车厂、坦克厂等企业正常生产。此类情况表明，技术转移及其本土化取得了显著成效。

中国还尝试从日本、西欧及美国引进先进技术和设备。1962年，从日本引进一套维尼龙设备，迈出寻求发达国家技术的重要一步。在此后的十几年里，中国陆续从日本、英国、法国、意大利、联邦德国、美国、荷兰等发达国家及东欧引进技术和设备（汪海波，1998）[354]，如合金钢冶炼、特种钢材轧制、1.7米轧钢机、汽轮机、合成氨、化肥、聚乙烯、乙烯等方面的技术和成套设备。这些项目提高了国内一些关键技术的水平，填补了某些工业空白，改善了工业结构和产品结构，对解决吃、穿、用等问题均有不同程度的贡献。

四、新阶段的工业化建设与技术转移

计划经济体制的突出优点是中央政府能够运用权力高度集中的手段，集中国家的资金、物资和技术力量进行有计划的经济建设，在重要领域、薄弱环节和落后地区安排建设项目，调整各地区之间和不同领域之间的关系，快速推进国家的工业化。20世纪50年代，这种体制发挥了它的优势，但随着建设事业的发展却显现出诸多缺点。例如，它促成条块分割，束缚企业的积极性，降低了经济效益；企业的产、供、销由国家安排，以产定销，缺乏创新动力；企业吃国家的大锅饭，职工吃企业的大锅饭，各方面积极性不高，缺乏活力。

计划经济理论强调国民经济有计划按比例地发展。然而，社会需求和经济发展非常复杂，计划管理部门能够计划和调节的方面是非常有限的，并不能随时掌握和应对千变万化的社会需求和市场需求。在改革开放以前，工业内部之间的比例关系、不同产业部门之间的比例关系就经常处于失调状态，摆脱不了“一统就死，一死就叫，一叫就放，一放就乱，一乱就收，一收又统”的死循环。

1984年以来，经济体制改革逐步向社会主义市场经济转变。1998年3月，第九届全国人民代表大会第一次会议审议通过《关于国务院机构改革方案的决定》。据此，国家按照社会主义市场经济的要求，加速转变政府职能，实现政企分开，撤销了10个直接管理企业的工业经济部门，即电力工业部、煤炭工业部、冶金工业部、机械工业部、电子工业部、化学工业部、地质矿产部、林业部、中国轻工业总会、中国纺织总会。这在很大程度上消除了政企不分的体制基础，给企业遵循市场机制创造了更大的空间。

在改革开放的形势下，经济体制改革和招商引资逐步展开，逐步形成国有大企业、民营企业、乡镇企业以及三资企业等并行发展的格局。国家开放市场，大规模引进国外技术和管理经验，借助投资驱动和比较优势等有利因素，促成经济的高速发展和贸易顺差。起初，技术引进主要通过引进生产线和生产设备，以填补中国装备制造和耐用消费品（如家电）等行业的技术空白。此后，为顺应世界范围内产业结构调整和产业转移的趋势，国家鼓励外商直接投资和转移技术，进一步提高工业技术水平和生产能力。高铁便是在引进基础上消化吸收再创新的典型。

我们以家电、轿车和高铁为例，考察新时期工业化进程中的技术引进、消化吸收和再创新。在20世纪70年代，人们购买自行车、手表、缝纫机等家用“大件”还要凭票，轿车是够一定级别的官员才能乘坐。到20世纪90年代，电视机、电冰箱、洗衣机、电风扇等新“大件”已是家庭寻常之物，轿车的年产量近50万辆。2000年以来，大屏幕液晶电视、空调、移动电脑和手机已成大众消费品，轿车成为越来越多家庭的代步工具。到2016年，中国家用电器产量占全球的84%，汽车产量达2 500余万辆，家庭轿车保有量超1.2亿，京沪高速铁路全程只需5小时左右。家电、轿车与高铁的发展可以帮助我们理解工业结构的转变、制造大国的崛起及人民生活水平的快速提高。

20世纪80—90年代，家电制造业高速发展，经历了引进技术和设备的本土化生产、消化吸收、改进创新三个阶段。20世纪80年代初，基于比较完整的工业体系和技术转移，家电制造业在旺盛需求的刺激下走向兴盛。中国企业从日本、欧洲等国家或地区引进零部件、成套生产设备，进行家电的装配生产。至1985年，通过引进的113条生产线，国产电视机厂家掌握了电视机装配生产和调试技术。随后，为降低成本，提高国产化率，企业主要采取技术引进与合资建厂等方式，消化吸收日、欧、美的电子元器件制造技术，从非关键元器件开始，至显像管与机芯等核心零部件，逐步实现电视机的国产化。进入20世纪90年代，国产电视机厂家尝试局部技术改进，如增加AV端子和多频道接收器等。至20世纪90年代末，全国大约进口了166条彩电生产线，但由于市场容量有限，实际开工率只有一半。于是，厂家在大打价格战的同时，积极谋求技术创新，如研发背投电视、声控电视和音响电视等。这一时期，企业更加注重提高质量，引入国际质量控制体系，以增强市场竞争力。电视机、洗衣机、电冰箱、空调、微波炉等大多经历了相近的过程。家电产业较早引入市场化机制，从引进技术到规模化创新大约用了发达国家一半的时间。

家电是国际化竞争激烈的领域。20世纪90年代全球领先的家电跨国集团多数在华有合资厂。据WTO统计，仅1998年其中的60家合资企业就生产了全球10%的家电产品，而中国在高端元器件和技术标准方面的竞争力仍很有限。至21世纪初，海尔、美的、格力、格兰仕和海信等企业已经开始向国外出口家电技术。这些企业启动了国际化战略，建立国际研发中心，并与国外厂商组成技术联盟。它们以互联网与智能家电为突破口，争取在新一轮创新中获得优势。

20世纪70年代末，轿车基本上是高级官员才能使用的交通工具，拥有私家轿车似乎是普通中国人难以企及的梦想。当时载货汽车能够大批量生产，而国产轿车只能小批量生产。自20世纪80年代，轿车的需求被释放，轿车制造业走上“以市场换技术”的发展道路。通过开放国内市场，吸引国际汽车制造公司投资和转移技术。中国厂家进口零部件和先进的设备，进行组装生产，从而逐步掌握总装技术和制造技术。上海大众汽车有限公司由中国与德国大众汽车集团在1985年合资创办，1997年达到年产30万辆桑塔纳轿车和33万台发动机的能力，拥有自己的产品研发和设计机构，产品研发不再依赖政府部门。类似地，北京吉普汽车有限公司、广州标致汽车有限公司、一汽—大众汽车有限公司、神龙汽车有限公司等合资公司也成立了自己的综合研发部门，参与面向市场的新产品研发。1997年，中国已有年产轿车48.8万辆的能力，系统掌握了整车的冲压、装焊、涂装和总装四大生产工艺以及发动机的铸造、机加工、热处理和装配四大生产工艺。

20世纪90年代后期，轿车制造业加速开放，合资与技术转移的范围进一步扩大。美国通用、福特，日本丰田、本田、日产，德国宝马、奔驰等国际汽车巨头纷纷在华设立合资企业。同时，奇瑞、吉利、北汽福田、万向、潍柴等中国本土企业迅速崛起，积极引进、消化吸收国外技术，并建设国家级的实验室与技术中心，成长为全球汽车零部件及整车制造的重要厂商。当前，中国轿车生产已经具有相当大的规模，但产品的自主设计和制造技术也面临着产业升级的考验。

中国幅员辽阔、人口众多，适合发展运载能力强、速度快的交通技术。铁路恰好满足以上两点，是国家建设的重点，也曾是经济社会发展的“瓶颈”。近三十多年来，在高速公路和航空快速发展的情况下，中国铁路建设也实现了大发展和大变革。2016年，全国铁路营业里程达12.4万公里，其中高铁2万公里，占全球高铁总里程的65%。

高铁堪称技术引进及相关技术创新的典范，引领了交通技术的变革，带动了经济社会的发展。1991年，高速铁路技术被列入国家科技攻关的重点课题。当时，日本、德国、法国等国家已有的高铁技术并不能完全适合中国线路更长、速度更快、路网复杂、客流密集的需要。中国企业与科研机构采取技术贸易的方式，分别从加拿大庞巴迪、日本川崎重工、法国阿尔斯通和德国西门子引进技术，联合设计生产中国需要的高速动车组。在消化吸收国外技术的基础上，中国企业逐渐掌握了总成、转向架、车体、牵引电机、牵引变压器、牵引变流器、牵引控制、网络控制系统和制动系统等高速动车组的核心技术，并有所创新。自1998年起，中国先后进行广深铁路提速改造，修建秦沈客运专线，实施既有铁路线的六次大提速等。2002年，建成的速度为200公里/小时秦皇岛至沈阳的客运专线，完全由中国设计、施工。同年，中国自主研制的“中华之星”电动车组的时速可达321.5公里。8年后的CRH380A高速动车创造时速达486公里的世界纪录，并拥有完全的自主产权。总之，中国在动车组、高速列车、工务工程、通信信号、牵引供电、运营管理、安全监控、系统集成等技术领域取得了一系列重大成果，形成了完整的产业链与强大的研发、制造和施工能力，能够在消化吸收引进技术的基础上有所创新。现在，高铁不仅是国内许多地方的“经济快车”，还是“中国制造”走向世界的名片。

在改革开放的政策环境中，中国产业很好地抓住了经济全球化和国际技术转移活跃的历史机遇。中国的家电、轿车和高铁的快速发展，既是经济全球化、国际技术溢出、技术转移和国际分工结构调整的结果，也是后发国家发挥比较优势，通过技术的引进与消化吸收，参与国际竞争的结果。中国产业界引入国外的技术、资金、人才和管理经验，采用国际规范和标准，不断提高本国技术发展的起点。由技术转移带动的技术进步显著地促进了中国经济的高速发展，提高了综合国力和人们的生活质量，也为全球经济增长做出了突出贡献。

然而，中国产业与发达国家相比仍存在着阶段性差距，主要表现在：重要技术与装备主要依靠进口，企业研发能力薄弱，科研成果产业化率比较低，较高端产品的市场竞争力弱，能耗过高，资源浪费严重，环境与生态问题突显。最突出的是技术创新能力弱，不易形成有自主知识产权的品牌。经过持续的技术引进与消化吸收，技术创新在20世纪90年代中期成为一个产业和政府的关注点。只有提高创新能力，促进产业升级，才能摆脱“引进—落后—再引进—再落后”的恶性循环。

1994年，国家经济贸易委员会和国家科学技术委员会先后提出“九五”技术创新工作思路和实施技术创新工程建议，强调企业在技术创新中的角色。1995年5月26日，江泽民总书记在全国科学技术大会上说：“如果自主创新能力上不去，一味靠技术引进，就永远难以摆脱技术落后的局面；要把建立技术创新机制作为建立社会主义市场经济体制的一个重要目标，特别要把建立健全企业的技术创新体系作为建立现代企业制度的重要内容和搞好国有大中型企业的关键环节。”1997年，国家经济贸易委员会和国家科学技术委员会在中央和国务院支持下实施技术创新工程①，推动建立以企业为主体的技术创新体系，支持开发类科研院所进入企业或发展成科技型企业，重点突破一批关键技术和共性技术，推动经济体制和经济增长方式的转变。这项工作的目标包括：到2010年，技术进步成为提高经济增长质量和效益的主要途径，主要领域的生产技术接近或达到发达国家21世纪初

① 1912年，熊彼特（J. A. Schumpeter，1883—1990）从经济学意义上提出：“创新就是生产函数的变动”。此后，创新的概念又有不同的解说，衍生出技术创新、制度创新、管理创新等概念，一直泛化到各个层面的创新。《关于大力开展技术创新工作的意见》中对“技术创新”做了概念界定：技术创新是与新技术（含新产品、新工艺）的研究开发、生产及其商业化有关的技术经济活动。技术创新最鲜明的特点是：它是从新技术的研究开发到首次商业化应用的系统工程；市场实现程度是检验技术创新成功与否的最终标准；企业是技术创新的主体。1997年4月，国家科委发出的《国家科委关于实施技术创新工程意见的通知》认为：技术创新是技术与经济相结合的概念，包含了制度创新、管理创新和组织创新等内容。

的水平。

经过改革开放以来30余年的持续快速发展，中国经济取得了令人瞩目的成就。经济总量已跃升到世界第二位，2015年人均国内生产总值达到49 351元（按当期汇率折合为7 924美元）。经济结构已有重大调整，农业保持稳定增长，第三产业增加值占国内生产总值比重超过第二产业，常住人口城镇化率达到56.1%，城乡区域差距有所缩小。基础设施水平全面跃升，高技术产业、战略性新兴产业加快发展（新华社，2016）。

第三节　科技体制建设与科技突破

1949年9月召开了中国人民政治协商会议第一届全体会议，参会人员在讨论《共同纲领》时加入了“发展自然科学”这一条。中央人民政府委员会第一次会议接受政治协商会议提出的《共同纲领》，其中第43条规定：“努力发展自然科学，以服务于工业、农业和国防的建设，奖励科学的发明与发现，普及科学知识。”这意味着科学事业明确成为国家的一项重要事业。

共产党执政初期，全国科研机构（含社科）共有40个左右，学科、门类空白点很多，研究人员只有650多人（薄一波，1991）[502]。即使是原来较有基础的学科，同世界先进科学技术水平仍有很大差距。中央人民政府接收并改组原有机构和人员，逐步建立与计划经济体制相适应的科学研究和技术研发体制，对科学技术的发展做了系统规划，组织实施了重大科研项目，并取得了一些重大突破。

一、建设科技体制

1949年11月，在对“中央研究院”和北平研究院进行改组与整顿的基础上①，中央人民政府组建了中国科学院。中国科学院既负责计划和指导全国的科研事业，又主要以学科为基础，建立了一系列的研究所。

国务院所属各部和国防系统在冶金、机械、电工、兵器、能源、交通、农业、林业、医药卫生等行业陆续建立起与相应产业配套的科研院所、勘察机构、设计机构、安装和施工单位等，并管理本行业的高等院校。它们和本行业企业共同承担发展产业技术的使命。

重工业部、冶金工业部、第一机械工业部、第二机械工业部、电机工业部、水利电力部、轻工业部、化工部、煤炭部、邮电部、国防部、国防科委等部委积极组建了行业科研机构，如铁道部科学研究院（1950年）、航空工业委员会导弹研究院（1956年，即国防部第五研究院）②、中国农业机械化科学研究院（1956年）、北京矿冶研究总院（1956年）、石油化学科学研究院（1956年）、中国医学科学院（1956年）、中国农业科学院（1957年）、煤炭科学研究总院（1957年）、邮电部邮电科学研究院（1957年）、国防部航空研究院

---

① 在1949年新旧政权更迭之际，除了历史语言研究所和数学研究所等少数研究所部分迁往台湾外，“中央研究院”的其余研究所均留在了大陆。

② 导弹研究院集中了一批高水平的专家，先从仿制苏联援助的导弹入手，逐步过渡到自行研究设计战略导弹和战术导弹。同期组建的原子能研究设计院主要研究核技术，研制原子弹。

（1960年，即国防部第六研究院）、国防部舰艇研究院（1961年，即国防部第七研究院）、国防部军事无线电电子学研究院（1960年，即国防部第十研究院）。各行业建立了一批产品研究所，如北京机床研究所（1956年）、洛阳轴承研究所（1958年）、大连组合机床研究所（1960年）、上海仪器仪表科学研究所（1964年）等。此外，工厂中设立了设计科或处、产品或工艺试验室、研究所等。自1957年起，一些大型骨干建立了自己的研究所。

产业部委的科研、设计、情报、出版等方面是按行业配套建设，它们使中国逐步具备设计和建设企业的能力。以冶金工业为例，中央重工业部在1952年11月将原国民政府经济部所属矿业研究所的一部分分离出来，设立冶金、耐火材料、煤焦及化学分析4个试验室，组成钢铁工业试验所。1955年1月，钢铁工业试验所被改组为钢铁工业综合研究所。到1957年，该所人员增加到1 094名，其中工程师103名。研究所扩展为炼铁、炼钢、钢加工、金属物理、腐蚀、焊接、耐火材料、煤焦、分析9个室和选矿、热工、自动控制3个专业组。科研任务由原来为包头、武汉、太原等重点钢铁基地的基本建设服务，转向与国家科学技术规划相关的任务，研究连铸、真空处理、氧气顶吹转炉、电渣焊、热压焦、高炉碳砖等新工艺、新技术。同时，结合中国的资源特点，开发新钢种。

除了导弹、原子能、飞机、舰艇、电子设备和各种常规武器等国防研究院所之外，全国科研机构由1956年的381个增加到1962年的1 296个，各主要学科和技术领域几乎都设置了专门的研究机构。专门从事研究工作的科技人员，从1956年的6.2万多人增加到1962年的近20万人，其中大学学历的有5.5万人，副研究员以上的高级研究人员达到2 800多人。从科研成果看，规划任务的实现，解决了第二和第三个五年计划国家经济建设和国防建设中迫切需要解决的一批科技问题，填补了科学研究中的一些重要空白领域，重点发展了新兴科学技术，加强了某些基础学科，并为科学技术和国家各项建设事业的继续发展打下了良好的基础（薄一波，1991）[514—515]。

企业在技术体系中占有重要地位。不过，20世纪50年代初期，中国制造业的多数企业并不具备自行设计、开发产品的能力，新建的大型工业项目中设置了负责工艺和设计的机构。在一个比较长的时期里，中国的企业没有建设像美国和西欧的工业实验室那样的高水平研发机构，这是企业的严重缺陷之一。

此后，中国逐步形成了由中国科学院、国防科研院所、中央部委科研院所、高等院校和地方科研机构组成的"五路大军"科研体系。周恩来总理对科研机构及其定位做了说明："中国科学院是全国学术领导和重点研究的中心，高等院校、中央各产业部门的研究机构（包括厂矿实验室）和地方所属的研究机构是我国科学研究的广阔基地。"（周恩来，1994b）中国科学院主要研究基本科学理论问题，解决对国民经济具有重要意义的关键科学问题；生产部门的科研机构主要解决生产中的实际技术问题；高等院校则视具体条件，研究基础科学理论和实际生产中的科学问题。国家计划委员会负责审查中国科学院、生产部门及高等院校的科研计划，以解决科研和生产实践相结合的问题以及各方面在科研工作中分工与配合的问题（中共中央，1993）。国防方面，1956年组建的航空工业委员会负责领导导弹和飞机的研制，总参装备计划部的装备科研处筹划常规武器的研制。1958年10月，航空工业委员会改组为国防部国防科学技术委员会，统一领导武器装备的研制工作。

20世纪50年代初的科技专家主要是在欧美模式的体制中培养的，

一般比较推崇欧美的科技及其管理体制。经过思想改造运动和批判崇美思想，科技界开始把目光转向苏联。1953年2月，毛泽东号召大家“不仅要学习马克思、恩格斯、列宁、斯大林的理论，而且要学习苏联先进的科学技术”（毛泽东，1990）。同年3月，钱三强率领中国科学院代表团访问苏联，了解苏联科技状况和苏联组织科研工作的经验，并就中苏科学合作交换意见①。1954年10月，中苏两国政府签订为期五年的《中华人民共和国和苏维埃社会主义共和国联盟科学技术合作协定》。从这时到50年代末，中苏双方参与合作的科研机构达800多个，合作内容几乎涉及所有重要的科技领域。各个产业部委和国防部门的科研、设计等机构在建设过程中均得到苏联的帮助。重要的是，中国不仅吸收了苏联的知识和技术，还借鉴了苏联的科技体制和管理经验。

二、规划科学技术

国民政府时期“中央研究院”曾制订应用科学发展规划，至少部分学者已经注意到科学界各自为政的现象，甚至开始主动了解苏联的经验。1950年，中国科学院的一些科学家呼吁加强科学研究的计划性（张九辰，2005）。

按照过渡时期总路线、总任务的要求，中国科学院在1954年5月决定组织力量，参与国家制订国民经济十五年计划（1953—1967年）。1955年1月，中国科学院院长郭沫若的苏联顾问柯夫达起草《关于规划和组织中华人民共和国全国性的科学研究工作的一些办

① 中国科学院在1952年10月的院长扩大会议上做出关于加强学习和介绍苏联先进科学的决议。在钱三强率团访苏回国一年多之后，中国科学院召开学习苏联先进科学经验交流座谈会，当时全院已有超过70%的人员能阅读俄文文献。

法》，建议中国组织规划全国的科学研究工作，编制十五年科学发展远景规划，以解决国民经济十五年规划中提出的最重要的科学技术问题（中国科学院联络局，1955）。这个建议先后得到中国科学院和中共中央的肯定。到1955年2月初，在郭沫若的第二任苏联顾问拉扎连柯的帮助下，大约360名中国科学家拟订出中国科学院十五年发展远景规划初稿（竺可桢，1989），3月科学院提出《中国科学院12年内需要进行的重大科学研究项目》（自然科学与技术科学部分），共53项，内容包括原子能、半导体、无线电电子学、电子计算机、自动化系统、火箭、精密机械仪器、新材料等尖端技术和国防科研领域，广泛涉及国民经济建设中带有综合性、关键性的一系列重大理论与技术问题，还有像蛋白质的结构与生物合成等科学前沿问题。科学院的十五年发展远景规划为后来国家制订十二年科技发展远景规划奠定了基础，所提出的大部分任务都被纳入十二年科技规划之中。

1956年1月5日，国务院副总理兼国家计划委员会主任李富春致函科学院副院长兼党组书记张稼夫，说明了制订科技规划的思路和要求：必须采取根本性措施，制订向科技“大进军”的规划，争取在第三个五年计划接近和赶上世界科技水平，使科学研究满足工农业生产和国防建设的迫切需要；必须像规划“156项工程”那样，与苏联和东欧国家合作规划科学事业，首先确定应迅速发展国家主要科学和重大专题的科研项目，在最短的时间内（三五年左右）达到苏联和东欧在这些方面的最高水平；各部门的规划应有重点，科学院主要做重要学科的发展计划，各产业部门应考虑重要学科和重要专题规划，高教部应主要考虑科学干部的培养计划并对科学和专题提出意见（李富春，1996）。9天之后，即1月14日，周恩来总理在中央关于知识分子问题的会议上做报告，发出“向科学进军”的号召。1956年2月，周恩来亲自领导制订1956—1967年科学技术发展远景规划，并对规划的要求作出明确指示，即必须按照可能和需要，“把我国科学界所最短缺而又是国家建设所最急需的门类尽可能迅速地补充起来，使十二年后，我国这些门类的科学和技术水平可以接近苏联和其他世界大国”（周恩来，1994a）。

中国科学院在1955年就提议由国家计委、科学院、高教部及其他有关各部组织成立“全国科学研究工作规划委员会”（中国科学院联络局，1955）。1956年1月，国务院成立科学规划十人小组。1956年2月，中央政治局会议批准科学规划小组改组为国务院科学规划委员会，决定陈毅任主任，李富春、郭沫若、薄一波、李四光任副主任，科学院新任党组书记兼副院长张劲夫任秘书长（中国科学院办公厅，1956）。3月，开始将科技专家召集到北京西郊宾馆，规模大的时候专家可达六七百名（王晓峰，1999）。

范长江领导的科学规划十人小组第一次碰头研究怎么搞规划时，杜润生建议先搞清楚什么是当代科技世界水平，选择什么突破点，然后再研究如何追赶。大家同意他的意见，决定找各领域有名的科学家和所有学部委员，然后按学科和部门分别作学科发展报告，讨论中国科技发展现状，并提出赶超的办法和条件。此外，应中国政府的邀请，苏联政府于1956年3月底指派18位科学家帮助制订十二年远景规划。他们在中国工作一个多月，介绍世界科技发展状况和趋势及苏联的相关经验，帮助拟订力学、电工学、电子学、电真空学、精密机械、计算技术、水声学、半导体、自动控制、喷气发动机等学科的规划，内容涉及研究方向、研究重点、研究课题、机构建立、干部培养、仪器设备等。为了解决规划中的难题，中国向苏联派出了专家组，考察计算技术、钛合金、半导体、电子学、电工学、机械和动力等重要技术学科。

但关于规划的原则，各方面的意见分歧比较大。主要有两种办法，一种是按任务来规划，还有一种是按照学科来规划。大家研究后决定把两者结合起来，最后确定“以任务为经，以学科为纬，以任务带学科”作为主要的方法来规划（刘振坤，1999a），任务带不动的就以学科规划来补充。这里的“任务”就是根据国民经济和国防建设提出的科技任务。搞基础科学的科学家们认为，这种方法忽视了基础科学的理论研究。在规划的后期，争论反映到周恩来那里。经周恩来指示，加了一项按照学科规划的“现代自然科学中若干基本理论问题的研究”，以补充任务带不起来的重大学科问题[①]。总的来说，规划的制订原则体现了理论与实际结合的特征。

基本明确“以任务带学科”的基本策略之后，科技专家们在消化国家计委制订的国民经济长期计划草案及各部门拟订的生产和科技长远规划的基础上，分组讨论科技任务，并按工业、尖端科学、农业、交通运输等不同部门，逐步提出56项任务，加上基础理论问题，共57项[②]。根据这些任务，专家们编制了一个大的规划表，在每一项任务下，先分中心问题，然后分课题、负责单位、召集单位、进度要求等。按照该表所列的任务，几百名专家们分成几十个规划组，讨

① 基础理论和应用科学的关系始终是中国科学技术界面临的重要问题。周恩来曾明确指出：“如果我们不及时地加强对于长远需要和理论工作的注意，那么，我们就要犯很大的错误。没有一定的理论科学的研究作基础，技术上就不可能有根本性质的进步和革新。”（周恩来，1994a）

② 关于57项任务的具体任务，详见《1956—1967年科学技术发展远景规划纲要（修正草案）》（国务院科学规划委员会，1994）。

论起草文字说明和规划提纲及附件等。经过几个月的努力，1956年8月《1956—1967年科学技术发展远景规划纲要（修正草案）》编制完成。规划执行单位主要来自中国科学院、高等院校和产业部门，另外还有原子能委员会和航空工业委员会。同年12月，中央同意《1956—1967年科学技术发展远景规划纲要（修正草案）》［简称《远景规划纲要》（修正草案）］作为试行草案付诸实施。

《远景规划纲要（修正草案）》确定了13个主要方面的57项任务，616个研究课题。大多数科学家同意从中选出12个重点项目：（1）原子能的和平利用；（2）无线电电子学中新技术（超高频技术、半导体技术、电子计算机、电子仪器和遥远控制）；（3）喷气技术；（4）生产过程自动化和精密仪器；（5）石油及其他特别缺乏的资源的勘探，矿物原料基地的探寻和确定；（6）结合我国资源情况建立合金系统并寻求新的冶金过程；（7）综合利用燃料，发展重有机合成；（8）新型动力机械和大型机械；（9）黄河、长江综合开发的重大科学技术问题；（10）农业的化学化、机械化和电气化的重大科学问题；（11）危害我国人民健康最大的几种主要疾病的防治和消灭；（12）自然科学中若干重要的基本理论问题。1957年，根据中国的请求，苏联国家科学技术委员会、苏联科学院和各部研究机构针对十二年远景规划草案提出了书面意见。苏联答应帮助中国设计计算技术、半导体、电力和热工等7个研究所。

为便于国务院抓规划工作，周恩来要求科学规划委员会就最紧急的问题及其应对措施写一份报告。张劲夫秘书长立即请钱学森等科学家们起草文本，最终形成《发展计算技术、半导体技术、无线电电子学、自动学和远距离操纵技术的紧急措施方案》，简称为“四大紧急措施”（李真真，1996）。加上当时未公开的原子能和导弹，实际上是六项紧急措施，它们是远景规划的重中之重。“四大紧急措施”于1956年5月由科学规划委员会提交国务院审议，很快得到批准（樊洪业，1999）[70]。中国科学院为落实紧急措施，专门筹建了相应学科领域的研究所。

1957年11月1日，郭沫若率领由120人组成的中国科技代表团赴莫斯科，进一步征求苏联方面对远景规划的意见，并且按照规划中的57项任务，访问相应的研究机构，商谈合作项目及派人去学什么，请哪些苏联专家帮助解决问题等（刘振坤，1999b）。1958年1月，中国代表团与苏联政府签订《中苏两国共同进行和苏联帮助中国进行重大科学技术研究协定》（简称“122项协定”）（1958—1962年）。这个协定的核心目标是以中苏合作助力十二年远景规划的实施。其内容以技术科学为主，涵盖了远景规划的主要领域，包括122个合同项目，下分600多个课题，参与单位有中国的200多个和苏联的400多个（国务院科学规划委员会办公室，1958）。到1960年，至少有部分合作课题已经完成或接近完成。例如，苏联帮助中国创建了核能、电子技术、自动化、半导体、无线电、电力、电工、精密机械、光学、动力等重要学科领域的研究机构和设计机构，转移了为工业项目奠定基础的技术，也取得了一定的研究成果。自1961年起，“122项协定”被中苏新签订的缺少实质内容的协定取代。

科学规划委员会的成立淡化了中国科学院领导全国科学研究的职能。周恩来对此有明确的解说：“国务院科学规划委员会就是管理科学事业的方针、政策、计划和重大措施的机构，它负责统筹安排中国科学院、高等院校、中央各产业部门的科学研究机构和地方的科学研究机构四个方面的工作。”（周恩来，1994b）1956年10月，陈毅、李富春和聂荣臻向中央建议保留科学规划委员会，将原来的十人小组改为党组。12月，中央和国务院决定成立科学规划委员会党组，由聂荣臻任党组书记。1958年，中央又合并了国务院科学规划委员会和国家技术委员会，于11月成立由聂荣臻主持的国家科学技术委员会，负责领导全国科学技术工作。

在聂荣臻主持下，科学规划委员会和国家科学技术委员会致力于远景规划的完善和落实、科研机构和科研队伍的组建、解决科研问题必须具备的基本条件、组织大力协同、建设一批必要的试验基地这五个方面的工作。科技界虽也受到“大跃进”的影响，但到1963年已经完成57个主要项目中的50个（聂荣臻，1984）[838]，其中不少项目是提前完成并运用到生产建设中的，例如稀土的冶炼提纯技术和半导体材料锗和硅的制备技术等。

制订科技远景规划是20世纪50年代中国发展科技的一项根本性举措。它确定了国家科技发展的方向、目标和基本政策，使科技事业进入国家周密计划的发展阶段①。实践证明，远景规划对国家整合资源，集中力量发展科技起到了重要的作用。国家迅速建立起半导体、电子学、计算技术、核物理、火箭技术等新兴学科门类，填补了国内的空白，快速缩小了同世界先进科学技术水平的差距，为持续的工业化和国防现代化奠定了科技基础，也为政府管理科技事业积累了宝贵经验（张柏春　等，2004）[175]。后来，国家制订科技规划基本上承袭了十二年远景规划的经验。

---

① 1956年制订的远景规划是国防和经济社会需求导向型的，也是追赶型的。当时，中国的榜样和追赶目标首先是苏联和东欧，其次是美国和西欧。

三、改革科技体制与提出创新战略

科技事业在“文革”中遭受重创，许多科技领域与发达国家的差距又拉大了。“文革”结束后，国家通过召开全国科学大会、加强技术创新等举措，使科技界迎来“科学的春天”，科研恢复到正常状态。国家将科学技术定位在“第一生产力”①，勾画出科技发展的愿景。1977年9月，中共中央在《关于召开全国科学大会的通知》中表达了科技发展的高远目标：“要建设世界一流的科学技术队伍，拥有最先进的科学实验手段，在理论上有重大创造，技术上有重大发明，在科学技术的主要领域接近、赶上和超过世界先进水平。”这个高远目标的实现，要靠不断深化的改革和持续的对外开放。

对外开放是中国科技赶超世界先进水平的一个必然选择，它还能够为科技体制改革寻求经验。1980年前后，科技界对外开放的重要举措是开展国际交流合作及派遣留学生。1972年中美关系解冻之后，中国与欧洲及日本、美国等开始进行正常的科技交流与合作。例如，1972年中国科学院派团赴英国、瑞典、加拿大和美国进行考察（樊洪业，1999）[218]，1974年联邦德国马普学会代表团访问中国科学院（郭

---

① 1975年，邓小平主持中央和国务院工作期间，支持胡耀邦在中国科学院进行“纠左”整顿。是年8月，胡耀邦向中央提交《关于科技工作的几个问题》（即《科学院工作汇报提纲》），其中就包括科学技术是生产力的观点。9月26日，邓小平在听取中国科学院工作汇报时说：“科学技术叫生产力，科技人员就是劳动者！”这次整顿因“反击右倾翻案风”而中断，但为以后国家恢复科研秩序做了准备。在全国科学大会之后，邓小平对科学技术的本质又有新思考。1988年9月5日，他在同捷克斯洛伐克总统胡萨克谈话时说：“依我看，科学技术是第一生产力。”1995年5月，中共中央和国务院颁布《关于加速科学技术进步的决定》，提出实施“科教兴国”战略，其理论基础来源于邓小平关于科学技术是第一生产力的思想。

传杰，2004），1979年邓小平在美国与卡特总统签署《中美科技合作协定》（张静，2004）。邓小平主张扩大派遣留学生规模①，认为派遣成千上万的留学生是“提高我国水平的重要方法之一”②。在1978年之后的5年内，中国向美国、欧洲、日本等公派的留学人员超过了9 000名，公派和自费留学渐成势不可挡的大潮。截至2016年，中国已与158个国家和地区建立科技合作关系，签订110个政府间的科技合作协定，形成了多种科技合作机制和机构③，参与了国际大科学工程等全方位、多层次的国际科技合作（阴和俊，2016）④。大规模的留学和国际合作使得中国科技逐步国际化，显著提升了科技水平，培养了优秀人才⑤。

计划经济体制也影响了科技体制，特别是技术研发管理模式。

---

① 1977—1979年，邓小平多次会见李政道、杨振宁、陈省身、吴健雄等美籍华人科学家，请他们帮助引进和发展先进科技、培养科技人才。这些科学家中有不少是民国时期出国留学，后来留在国外工作并取得世界一流成就的。

② 1978年6月23日，邓小平在听取清华大学工作汇报时做出了扩大派遣留学生的重要指示。他说：“这是五年内快见成效，提高我国水平的重要方法之一。要成千上万地派，不是只派十个八个。教育部要研究一下，花多少钱，值得。”他的意见使中国迅速扩大派遣留学生的规模。

③ 例如，中国科学院与法国、俄罗斯、德国、美国等国家的科研机构、大学和企业共建了联合实验室、联合研究所，包括德国马普学会伙伴研究所、上海巴斯德研究所、中法信息自动化与应用数学联合实验室、中俄空间天气联合研究中心等（中国科学院，2012）[185—187]。2013年以来，按照建设“丝绸之路经济带”和“21世纪海上丝绸之路”的思路，中国尝试与沿线国家共建联合实验室、技术转移中心等，共同提升创新能力。

④ 中国科学家参与了国际热核聚变实验堆（ITER）、大型强子对撞机（LHC）、反质子与离子研究装置（FAIR）、国际空间站—阿尔法磁谱仪（AMS）、综合大洋钻探计划（IODP）、人类基因组计划、人类蛋白质组计划等。

⑤ 政府部门和科研机构出台了许多以吸引留学人员归国工作的人才计划，如中国科学院的“百人计划”、教育部的“长江学者奖励计划”、国家海外高层次人才引进计划（即“千人计划”）等。

从20世纪50年代开始，国家部委等经济管理部门按照计划，向企业下达试制新产品的指令，同时组织所属的科研院所、设计机构等负责或与工厂共同承担新产品的研发和生产任务。也就是说，在上级机关领导下，科研院所和企业建立联系和合作关系，两者一般不直接面对市场。国家对需求做出判断和选择，然后自上而下地安排研发、生产任务，最后将产品推向营销机构或直接分配给国营用户。企业至少存在两个突出缺陷：一是不能根据动态的市场需求来安排生产经营；二是没有健全的研发机构，产品研发能力弱。只要上级还下达老产品的生产任务，企业就维持再生产，老产品几十年一贯制的现象并非鲜见。除了计划手段之外，整个社会缺少激励技术进步的高效动力机制。显然，体制改革成为一项十分必要的任务。

随着科技事业的发展，科技界、产业界和政府对科学技术与经济社会关系的把握越来越明确。1982年，中共中央和国务院提出“经济建设必须依靠科学技术，科学技术必须面向经济建设”的方针，这是为发挥科学技术的“生产力”作用而提出的改革思路。1985年3月，中共中央发布《关于科学技术体制改革的决定》，要求全国主要科技力量面向国民经济主战场，强调改革的目的是解放科技生产力，使成果迅速而广泛地应用于生产，促进科技和社会的发展。此后，政府从改革科技拨款制度做起，尝试通过改革运行机制、组织结构和人事制度，稳定支持队伍精干的基础研究，鼓励应用开发类科研机构参与经济建设并争取实现经费自给，努力解决科技、经济“两张皮”问题[①]。政府通过设立科学基金，建立开放实验室，实施《国家高技术研究发展计划》（“863”计划）和《国家重点基础研究发展计划》（“973”计划）等一系列举措，建立开放、竞争的科研资助体系[②]。1999—2000年，原属国家部委局的三四百个应用开发类科研机构向企业化转制[③]，逐步采取企业运行机制，而基础类、公益类科研院所则通过分类改革，优化、精简机构和队伍，探索建立现代院所管理制度。

科技发展与改革方向反映在国家科技规划及相关的资源配置方面。《国家高技术研究发展计划》（“863”计划）着眼于跟踪研究外国战略性高技术发展，起初以“军民结合，以民为主”为原则，重点支持生物、航天、信息、激光、自动化、能源、材料7个技术领域的主

① 在计划经济体制中，国营企业的生产任务主要由产业部委下达，产品开发与部委所属的科研、设计等部门关系密切。随着市场机制对经济发展的作用逐渐增强，科研院所和高校的科研工作与企业技术研发的脱节愈加明显，显现出科技与经济“两张皮”现象。

② 2014年12月，国务院印发《关于深化中央财政科技计划（专项、基金等）管理改革的方案》，提出将已有的科技计划、专项和基金等整合成国家自然科学基金、国家科技重大专项、国家重点研发计划、技术创新引导专项（基金）、基地和人才专项五类科技计划（专项、基金等）。

③ 1999年2月，科技部和国家经济贸易委员会联合下发《关于国家经贸委管理的10个国家局所属科研机构管理体制改革的意见》等文件，要求煤炭局、冶金局、有色金属局、机械局、石化局、轻工局、纺织局、内贸局等10个国家局所属242个科研机构自主选择改革方式，包括转变成科技型企业、整体或部分进入企业和转为技术服务与中介机构等。经国家批准继续保留事业单位性质的少数科研机构，也要引进科技型企业运行机制。2000年7月，科技部、中央机构编制委员会办公室、财政部等部门联合发布《关于印发建设部等11个部门（单位）所属134个科研机构转制方案的通知》，决定将134个科研院所与原来的主管部门脱钩，大部分进入企业或转成企业、中介服务机构。2006年底召开的中央经济工作会议上，胡锦涛同志强调，确立企业在技术创新中的主体地位是提高自主创新能力的根本途径。

题项目，1996年增加海洋高技术领域。2000年，国务院决定继续实施“863计划”，强调“发展具有自主知识产权的高技术，培育高技术产业生长点，力争实现跨越式发展”，重点支持高技术领域的26个主题和若干重大专项。该计划在2006年开始主要支持《国家中长期科学和技术发展规划纲要（2006—2020年）》提出的前沿技术和部分重点领域的重大任务。

在科学基金制设立十几年之后，科技部牵头组织制订了《国家重点基础研究发展计划》（“973”计划）。它明确地以国家重大需求为导向，旨在解决经济社会发展、国家安全和科技发展中的重大科学问题，在世界科学主流方向上取得具有重大影响的原创成果，为国民经济和社会可持续发展提供科学基础，为未来高新技术的形成提供源头创新，提升基础研究的创新能力（周光召，2007）。据此，科技部先后选择农业、能源、信息、资源环境、人口健康、材料、综合交叉、重要科学前沿、制造与工程、中医理论和重要传染疾病基础研究、量子调控、干细胞等领域，部署了重大项目或研究计划，并对所立项目给予稳定支持。

到20世纪90年代，国家将“科学技术是第一生产力”落实到技术创新，随后将“创新”扩展到全部科技活动，并提出“科技创新”的概念，在21世纪初期进一步提出“创新驱动发展”的理念。这是对科学技术本质认识的深化。中国科学院在1997年底提出建设国家创新体系和实施“知识创新工程”的建议，1998年在中央和国务院支持下启动知识创新工程试点工作。2003—2005年，国家组织编制中长期科技发展规划（2006—2020年）[①]，提出“把提高自主创新能力作为调整经济结构、转变增长方式、提高国家竞争力的中心环节，把建设创新型国家作为面向未来的重大战略选择”。为此，必须加强原始创新、集成创新和引进消化吸收再创新，着力突破制约经济社会发展的关键性、共性技术。2007年，中共十七大将提高自主创新能力和建设创新型国家视为国家发展战略的核心与提高综合国力的关键。2012年，中共十八大决定实施创新驱动发展战略[②]。2016年5月，中央颁布《国家创新驱动发展战略纲要》，其中规定的科技发展目标是：到2050年建成世界科技创新强国，成为世界主要科学中心和创新高地。

四、重大科学技术突破

中国科技界在专业领域做了难以计数的工作，在科学发现、技术发明和科技进步与创新等方面都取得了较好业绩，为国家的现代化建设做出了不可或缺的重要贡献。在此，我们仅列举若干事例，以展现科技突破与现代化建设的关系。

国家安全问题长期困扰着中国，甚至影响着现代化建设，因而国防科技和国防工业在国家战略中居于突出地位。美国对华政策以及由此加剧的朝鲜、越南的紧张局势都曾对中国的安全构成威胁。在朝鲜

① 2005年12月30日，国务院颁布的《国家中长期科学和技术发展规划纲要（2006—2020年）》给出了量化目标：到2020年，建成若干世界一流的科研院所和大学以及具有国际竞争力的企业研究开发机构，形成比较完善的中国特色国家创新体系；全社会研究开发投入占国内生产总值的比重提高到2.5%以上，力争科技进步贡献率达到60%以上，对外技术依存度降低到30%以下，国人发明专利年度授权量和国际科学论文被引用数均进入世界前5位。

② 这意味着，中国发展的驱动力将主要来自科技创新，而不是资金、劳动力和资源等要素的数量投入。

战争中，美国不仅拥有空中优势，还曾以投放原子弹相威胁，这使中国领导人认识到发展国防工业和重工业的迫切性。中国决心发展自己的核技术，摆脱对苏联核保护伞的依赖。在毛泽东看来，要想不受人家欺负，就不能没有原子弹（毛泽东，1994a）。

中国科学家是有远见的。钱学森回国后，很快起草了发展导弹技术的计划，后来亲自主持国防部第五研究院的工作，主张应该优先重点发展导弹，而不是发展远程轰炸机。以苏联的P—2导弹为基础，他主持研制近程导弹“东风一号”，并于1960年11月5日试射成功。此后，第五研究院研制出“东风二号”导弹，于1964年6月发射成功，1966年装备部队。华罗庚曾在美国接触过计算机专家冯·诺依曼（John von Neumann，1903—1957），对电子计算机产生了兴趣，于1952年在中国科学院数学研究所成立电子计算机科研小组，1956年主持筹建计算技术研究所。在与苏联合作之前，电子计算机科研小组的工作取得了一些进展，如成功研制示波管存储器，为掌握苏联计算技术做了准备。

苏联在向中国转移尖端技术方面起初比较审慎，甚至有时拒绝转让技术，但毕竟在中国发展新技术过程中提供了不同程度的帮助。1954年，赫鲁晓夫婉言拒绝了毛泽东关于研制原子弹的求援。在1955年之后，苏联才逐步在铀矿勘探、核物理研究和核工业建设、核武器研制等方面帮助中国，提供了把α粒子加速到2 500万电子伏的回旋加速器和7 000千瓦的核反应堆。1956年，鉴于国际形势趋缓，中国领导人想把军费降到国家预算的20%以下，腾出资金用于经济建设。毛泽东提出：“现在把国防工业步子放慢，重点加强冶金工业、机械工业和化学工业，把底子打好；另一方面，把原子弹、导弹、遥控装置、远程飞机搞起来，其他的可以少搞。”（周恩来，1984）

1957年10月，中苏秘密签订《中苏国防新技术协定》[①]，苏联同意向中国援助航空、导弹和核武器等尖端技术，并派遣相关专家，提供技术资料和设备等。该协定在最初几年执行得比较顺利。但是，当1958年苏联提出要在中国建立长波电台和共同舰队的要求遭到拒绝后，苏联方面对该协定的执行就表现出不积极态度。1960年8月，苏联彻底中止对中国的核援助，撤走全部核技术专家，停止供应一切技术资料、样品和设备材料。不过，这时苏联已经在铀矿勘探与开采、铀浓缩、核燃料元件、气体扩散、氘化锂—6生产线、核武器研制基地和试验场等工程的设计和建设方面做了不少工作（冈察连柯，2002），这些都为中国自己继续进行研制工作创造了有利条件。

1961年7月，国防工业会议在北戴河召开。聂荣臻召集出席会议的有关人员研讨国内尖端技术的发展状况和进一步研制导弹、原子弹的技术基础等，坚定了研制“两弹”的决心。中央决策支持继续研制“两弹”，并在1962年11月成立以周恩来为首的15人专门委员会，负责组织和领导“两弹”的研制。钱学森、钱三强、邓稼先等中国专家解决了许多理论、技术和工程问题，在“两弹”设计、基地建设、新材料开发、精密仪器仪表和大型设备的制造等方面取得突破。1964年10月16日，中国第一颗原子弹成功爆炸[②]。1966年10月27日，中国第

---

① 1957年，在聂荣臻与苏联政府代表就国防技术援助的谈判难以达成共识时，赫鲁晓夫表示同意向中国提供国防新技术资料和样品。之后，毛泽东答应去莫斯科出席国际共产党和工人党代表会议，以示对苏联共产党的支持。这样，1957年10月15日中苏代表在莫斯科秘密签订了《中苏国防新技术协定》。

② 鉴于苏联撤走专家反而使中国人更加自立，毛泽东曾说：“应该给赫鲁晓夫发一个一吨重的大勋章。”

一枚装有核弹头的中近程导弹“东风二号甲”发射成功，标志着我国已掌握了两弹结合技术。于敏带领的科研队伍研制出氢弹，于1967年6月17日试爆成功。以上科技成果使中国具备了有限核威慑能力，打破了超级大国的核讹诈，争得了国家的国际地位和话语权，为现代化建设营造了有利的国际环境。

“四大紧急措施”有力支持了原子弹和导弹的研制。以计算技术为例，1956年9月中国科学院向苏联科学院派出计算技术考察团，商谈苏联协助中国建立计算技术的各项具体措施，明确了创建计算技术研究所的技术路线和工作内容。苏联方面提供了全套的技术资料、关键电子元器件和其他仪器设备等，派出专家指导仪器试制和研究所的建设。中国科学院计算技术研究所在1958年筹备阶段先模仿M—3计算机制成103小型数字电子计算机，1959年10月模仿БЭСМ—Ⅱ计算机制成104大型通用数字电子计算机。后来，以计算技术研究所为主，中国自行研制出107型电子管计算机和109丙晶体管大型通用数字计算机，这标志着中国提高了新产品研制能力（张效祥，1986）。中国科学院计算技术研究所的104型计算机、109型丙机和119型通用计算机以及华东计算技术研究所的J501型计算机成功用于解决核弹理论设计、核爆炸、运载火箭等方面的计算问题。

1957年10月，苏联成功发射第一颗人造地球卫星，在国际上引起轰动。1958年，广州、南京、拉萨等地陆续建立人造地球卫星光学观测站，以配合苏联的人造地球卫星计划。竺可桢、钱学森、赵九章等科学家建议中国也研制人造卫星。1958年5月，毛泽东在中共八大二次会议上指示“我们也要搞人造卫星”。同年7月，中国科学院向聂荣臻提出人造卫星研制计划，8月开始组织制订发展人造卫星的规划草案。10月16日，赵九章率领代表团访问苏联，提出想参观苏联的卫星研制实验室，但未被允许（金立肇，1991）。1964年10月，赵九章等科学家赴酒泉观看“东风二号”导弹的发射，并且讨论了发射卫星的可能性。此行使他们认为研制和发射卫星的时机已趋成熟。1965年8月，中央批准中国科学院提交的《关于发展我国人造卫星工作规划方案建议》，确定由国防科委负责组织协调。卫星研制在“文革”中受到冲击，但研制者们克服重重困难，使“东方红一号”卫星在1970年4月24日成功发射。1984年，利用“长征三号”运载火箭，成功发射了“东方红二号”通信卫星。如今，中国北斗卫星导航系统（BDS）与美国全球定位系统（GPS）、俄罗斯格洛纳斯卫星导航系统（GLONASS）及欧盟伽利略定位系统（GALILEO）一样，是联合国卫星导航委员会已认定的供应商。

石油被誉为现代工业的血液。美国地质学家布莱克韦尔德（E. Blackwelder）在1922年撰文断言：“中国绝不会生产大量石油。”（张文昭，1995）实业部地质调查所的潘钟祥在20世纪30年代曾数次到陕北勘探石油，1941年对当时的生油理论提出挑战，认为陆相（湖相）也可以生油。这种“陆相生油”论被中国学者进一步丰富，为寻找油矿指明了方向。1953年，翁文波、谢家荣、黄汲清等地质学家认为松辽平原很值得关注（大庆市政协文史资料研究委员会，1987）。1954年，地质部部长李四光也认为华北平原和松辽平原值得勘察。1956—1957年，东北地质局对松辽平原进行勘察，发现包括大同镇（后来改称大庆）在内的可能储油构造（李玉琪　等，2013）。经过大规模的地质普查和勘探，1959年松基3号井喷出油流，1960年松辽平原实现高产，中国借此实现石油基本自给。毛泽东赞赏大庆油田开发者自力更生、艰苦创业的精神，于1964年初号召“工业学大庆”，为中国工业树立了一面旗帜。

1958年5月，煤炭部副部长沈鸿在中共八大二次会议上听了毛泽东关于破除迷信、解放思想、敢想敢说敢做的讲话，深受鼓舞。会议结束前一天，他致信毛泽东，建议制造万吨水压机。毛泽东很重视这个提议，不久就派他去上海主持制造一台万吨水压机。沈鸿组织江南造船厂和有关单位进行协作，承担水压机的调研、设计、试验和制造任务。为了克服上海不能生产大型铸锻件、大型机加工件等困难，设计制造者们采取了一些特殊措施。例如，采用全焊结构，用电渣焊以小拼大；用多台移动式小机床加工大件，即“蚂蚁啃骨头”（孙烈，2012）。1962年6月，这台12 000吨自由锻造水压机在上海重机厂制成并投入使用①。这台大机器，加上沈阳重型机器厂和第一重型机器厂等单位合造的12 500吨水压机，表明了中国重型机器制造技术水平不断提高，解决了某些技术从“无”到“有”的问题。类似的技术进步使制造业成为国民经济的支柱产业②。

粮食生产是人类生存和发展的首要问题，也是人口大国发展与安全的重大战略问题。中国粮食作物的生产力提高主要得益于育种、化肥、农药、农业机械等科技的突破。例如，在水稻育种方面有“杂交水稻之父”袁隆平，而在小麦遗传育种方面有“中国小麦远缘杂交之父”李振声。袁隆平在1964年开始做水稻的有性杂交试验，1974年和助手们成功配制出杂交稻种子，试种平均亩产超过500公斤。在中央支持下，1976年杂交水稻开始在全国推广生产。到1988年，全国杂交

① 这项特殊的工程在毛泽东的直接支持下立项，曾得到刘少奇、周恩来、朱德、陈云等中央领导人的关心和支持，属于不多见的成功的“跃进”。1960年，在因资金困难而可能终止项目时幸得周恩来批款支持。

② 制造技术进步的事例还有不少。例如，1966—1976年完成了3万吨模锻水压机等9套大型成套设备，制成了高精度精密机床、冷加工成套设备、年产700万吨的大型金属露天矿设备、年产150万吨的钢铁联合企业成套设备、年产250万吨的炼油厂成套设备、年产合成氨6万吨和尿素11万吨的化肥设备、20—30万千瓦的水力和火力发电成套设备、2.5万吨级轮船，等等。

水稻种植面积累计达1.94亿亩，稻谷增产超过1 000亿公斤。袁隆平的科研团队在1995年完成“863计划”支持的二系法杂交稻研究，实现增产5%—10%。1997年，袁隆平在《杂交水稻超高产育种》中提出超级杂交水稻育种的技术路线和超高产株型模式。经过几个阶段的努力，超级杂交稻百亩示范田平均亩产从2000年的700公斤提高到2013年的988.1公斤，打破了世界纪录。2003年，中国大陆50%以上的水稻都是袁隆平的杂交品种。迄今，杂交水稻品种或技术已经推广到100多个国家和地区，为保障中国和世界的粮食安全做出了卓越贡献。

人口健康是现代化事业的一个重要方面。中国政府和科学家在医学领域有很多作为，传染病防治就是成就显著的一个方面。1964年，越南共产党领导人请求中国政府帮助解决抗疟疾药物的问题，以减少抗美作战中的非战斗减员。1967年5月23日，国家科委与解放军总后勤部联合召开会议，讨论部署抗疟疾药物的协作研究（饶毅　等，2016）。中医研究院屠呦呦研究小组的余亚纲和从军事医学科学院借调到中医研究院的顾国明，从808种中药中筛选出民间验方里频繁用于抗疟的十几种药。余亚纲制备出近百个提取物，经过筛选检验，发现青蒿提取物对疟疾有60%—80%的抑制率。1971年，屠呦呦意识到高温可能破坏青蒿中能治疗疟疾的有效成分，于是改用乙醚低温提取，从而将提取物的抗疟效果提高到95%以上。之后，她带领研究小组分离出有效抗疟的结晶体，即青蒿素。她又与中国科学院上海有机化学研究所、生物物理研究所合作，鉴定了青蒿素晶体结构及其分子的绝对化学构型。上海有机化学研究所和广西桂林制药厂还先后研制出青蒿素的衍生物，解决了青蒿素不溶于水、生物利用度较低的问题。屠呦呦与一名日本科学家及一名爱尔兰科学家荣获2015年诺贝尔生理学或医学奖。

以导弹和卫星技术为基础，中国在1971年开始部署载人航天研究，1992年正式实施载人航天工程，2004年开始实施探月工程，逐步取得重大突破。2003年10月15日，“神舟五号”载人飞船在酒泉卫星发射中心升空，将航天员杨利伟准确送入预定轨道，在绕地球飞行14圈后于次日顺利返回，实现了中国人航行太空的梦想。2007年10月24日，“嫦娥一号”探月卫星在西昌卫星发射中心成功发射，实现了多项突破。2013年12月2日，“嫦娥三号”月球探测器成功发射，12月14日“玉兔号”月球车在月球成功软着陆。2016年10月17日至11月18日，两名航天员操纵“神舟十一号”飞船与“天宫二号”空间实验站对接，进行了多项科学与应用项目的实验。到2016年底，中国已完成飞船的不载人发射、载人发射、航天员舱外活动、航天器交会对接、空间实验站驻留和运行、在轨释放卫星以及有人照料的空间科学与应用实验，共有11名航天员完成14次航天飞行。这些举世瞩目的成就表明，中国已是世界上第三个能够独立开展载人航天活动和第四个发射探月飞船的国家。

中国科学家在基础科学研究领域也取得重要突破。例如，1960年3月王淦昌领导的研究组在苏联杜布纳联合核子研究所发现了反西格玛负超子；1965年9月，中国科学院上海生物化学研究所、有机化学研究所、北京大学等单位合作完成结晶牛胰岛素的全合成，该成果在1982年获得国家自然科学一等奖。

21世纪初期，中国综合创新能力排名世界第18位（科技部，2016），对外技术依存度高于40%。在高技术产品出口方面，自主品牌出口不足10%，80%以上是外资企业的产品，其中72%是加工贸易产品。据美国国家科学基金会发布的《科学与工程指标2016》显示，中国已成为第一科技人力资源大国及仅次于美国的世界第二研发大国，在研发投入、科技论文产出、高技术制造增加值等重要指标方面已居世界第二位。然而，中国科学原创能力不足，真正由中国人率先提出和开拓的新问题、新理论和新方向寥寥无几；拔尖人才严重不足，关键核心技术受制于国外，许多重要产业的对外技术依存度高，这直接影响到产业结构升级、新兴产业发展和国家安全（中国科学院，2009）。

第四节 “三位一体”的中国科学院

早在1949年3月中共中央就考虑建国后设立科学院。7月，中华全国自然科学工作者代表大会筹备委员会向中国人民政治协商会议提议设立国家科学院，以统筹及领导全国科学研究事业，并使之与生产及教育密切配合。9月27日，中国人民政治协商会议通过的《中华人民共和国中央人民政府组织法》规定，科学院为政务院（即后来的国务院）领导下的30个政府部门之一[①]，既是国家最高的科学研究机构，又肩负指导全国科学事业的管理责任。10月19日，郭沫若被任命为科

① 科学院归中共中央宣传部直接领导。具体与科学院联系的是1951年底成立的中宣部科学处。有关科学院的一切重大决策，都事先通过中宣部传达给科学院党组，再通过科学院党组在全院贯彻执行。科学院的重大事项要交院务会议通过（张稼夫，2003）。1950年中宣部就向苏共中央宣传鼓动部了解如何管理科学工作，怎么在各学科中确立研究总方针，怎么团结科学家等（李真真，1993）。中国科学院学部的建立参考了苏联的经验，但没有完全照搬，比如实行学部委员制，而不是院士制。

学院院长。1949年11月1日，中国科学院正式成立。

一、独树一帜的“三位一体”结构

在接管中央研究院和北平研究院等科研机构的基础上，中国科学院到1950年6月已经建立近代物理研究所、应用物理研究所、物理化学研究所、有机化学研究所、生理生化研究所、实验生物研究所、植物分类研究所、地球物理研究所、紫金山天文台、考古研究所、近代史研究所、语言研究所等15个研究机构，汇聚了一批知识精英。此后，又设立冶金陶瓷研究所、金属研究所、工业化学研究所、机械电机研究所、数学研究所等科研机构。1956年1月14日，周恩来在知识分子问题会议上作报告，表示“要用极大的力量来加强中国科学院，使它成为领导全国提高科学水平、培养新生力量的火车头”。

有别于民国时期的中央研究院，中国科学院在发挥自然科学优势的同时，特别加强了技术科学研究。按照国家“紧急措施”的部署，科学院在1956—1960年创建自动化研究所、计算技术研究所、电子学研究所、半导体研究所等从事尖端学科领域研究的机构。苏联方面派专家帮助中国科学院建设研究所和实验室，提供器材和设备，参与解决科技问题。在中苏合作期间，中国科学院各研究所共有900多名工作人员曾到苏联科学院及其他研究机构学习和工作（鲍里索夫　等，1982）[152]。到1959年，科学院已经发展为拥有106个研究所的自然科学、技术科学、人文社会科学的综合研究实体，成为“向科学进军”的先锋和主力军。

中国科学院在1954年开始筹建学部，并选聘233名学部委员。1955年6月学部正式成立，下设物理学数学化学部、生物学地学部、技术科学部、哲学社会科学部。后来，学部结构又多次调整。其中，哲学社会科学部在1977年脱离中国科学院，改建为中国社会科学院。1993年10月，国务院决定中国科学院学部委员改称院士。2004年，中国科学院学部调整为6个部分：数学物理学部、化学部、生命科学和医学学部、地学部、技术科学部、信息技术科学部。在“文革”之前，学部作为学术领导机构，不仅领导院内的研究机构，还指导全国科学工作，组织研究重大科学问题，积极服务国家建设。1983年以来，学部一直是国家在科学技术方面的最高咨询机构。

1951年中国科学院和教育部开始招收研究实习员和研究生。科学院发挥导师和科研条件的优势，培养急需的科研人才。1955年国务院批准《中国科学院研究生暂行条例》，科学院当年招生50名①。科学院在1958年创办“所系结合”的中国科学技术大学②，1977年9月筹建新中国第一个研究生院③。1982年全国首次向12名研究生授予博士学位，其中7名是科学院培养的。研究生院在2012年改称中国科学院大学（简称国科大），实行“科教融合”。同年，中国科学院与上海市共建上海科技大学，实行“院地合作、共同办学”。60多年来，中国科学院及其所属大学充分发挥科研院所的学科特长与科研优势，大批培养高层次人才。毕业们在科学技术和其他相关领域充分施展才华，

① 1955—1965年，中国科学院共招收研究生1 518名，是全国研究生招生总人数的11.2%。

② 1958年9月20日，聂荣臻副总理在中国科学技术大学开学典礼上讲话，指出这所新型大学的特点：“这种大学和研究机构结合在一起，选拔优秀高中毕业生，给以比较严格的科学基本知识和技术操作训练，在三四年级时，让学生到相关研究机构中参加实际工作，迅速掌握业务知识，加快培养进度，以便在一段时期内使祖国最急需的、薄弱的、新兴的科学部分迅速赶上先进国家水平。”

③ 当时的校名是中国科技大学研究生院，2000年底更名为中国科学院研究生院。1978年招收首届1 529名研究生，占当年全国研究生招生总数的14.3%。学生上课主要在研究生院，研究工作主要在相应的研究所跟着导师做。

取得了不凡的创新创业成就。

事实上，中国科学院在1950年代就形成了研究所、学部和大学“三位一体”的结构①。这种出成果、出人才和出思想的体制在各国科学院及类似机构中独树一帜。在这个体系中，100多个科研院所主要从事基础科学和高技术等学科领域的研究，由院士组成的学部发挥高端智库的作用，大学与研究所共同培养科技人才。

二、国家战略科技力量

中国科学院在制订和实施国家科学技术发展规划中扮演了主要角色，并且发挥建制化科研机构的优势，研究前沿基础理论和尖端技术，承担国家重大科研任务。它勇于“啃硬骨头”，解决一些从“无”到“有”的问题，为取得“两弹一星”、人工合成牛胰岛素等重大科技成果做出了突出贡献，成为国家战略科技力量。

例如，在十二年科技发展远景规划的57项重大任务中，以中国科学院作为“主要负责单位”的有8项，以科学院作为“联合负责单位”的有15项，两项合并占总项数的40.4%；另有科学院作为“主要协作单位”参加的有27项，三项合并占总项数的87.7%（樊洪业，1999）[66]。中国科学院承担了中苏“122项协定”中的38个合作项目②，还参与了协定中的很多课题。这些项目所取得的成果广泛应用于国防建设和经济建设。经过60多年的不懈努力，中国科学院的科研

① 中国科学院与德国马普学会、法国国家科研中心、俄罗斯科学院、意大利国家研究理事会等国立科研机构都采取建制化的研究所体制，其研究所有诸多共同特征，但又各具特色。

② 关于苏联援建中国科学院计算技术研究所的情况，参见张久春和张柏春的文章（Zhang J C et al，2007）。

产出能力已实现大幅度提升，近年来连续位居自然指数榜单的全球十大科研机构的首位。

中国科学院还积极参与经济建设，解决其中的重要科技问题。例如，中国科学院地质研究所与苏联科学院同行在1958年和1959年两次在白云鄂博做地质考察①，查清了矿石中的主要稀土成分，探讨了铁矿和稀土成因等，这为白云鄂博矿的开发和利用提供了科学依据。严济慈组织冶金陶瓷研究所、金属研究所、应用化学研究所、地质研究所和化学研究所，为建设包头钢铁公司和武汉钢铁公司开展多方面的研究试验工作，包括白云鄂博复杂铁矿加工工艺研究。冶金陶瓷研究所发明硅铁还原法制取硅铁稀土合金的方法，在包钢建成一个中间工厂，生产硅铁稀土合金。白云鄂博矿后来发展成国家最重要的稀土基地，稀土研究开发使中国成功地炼制出急需的合金钢和特殊钢材等。

改革开放以来，中国科学院扮演了科技创新引领者、改革先行者的角色，并且率先与发达国家进行科技合作，实行所长负责制，建设开放实验室，设立面向全国的科学基金。1980年中国科学院物理研究所陈春先研究员借鉴美国“硅谷”的新技术扩散模式，在中关村创办国内第一家民营科技企业“北京等离子体学会先进技术发展服务部”。此后，科学院有更多的科研人员“下海”创业，尝试将科技成果转化为现实生产力，催生了北京“中关村电子一条街”。

中国科学院遵循国家科技体制改革的精神，在1987年提出调整办

① 1927年丁道衡随中瑞科学考察团途经内蒙古草原时发现了白云鄂博铁矿，并把采集的铁矿石标本交给何作霖。何教授判断其中含有稀土元素，经严济慈帮助做光谱分析，1932年证实矿物中存在稀土元素。20世纪50年代，白云鄂博铁矿成为包头钢铁公司的原料基地。

院方针的思路："把主要的科技力量投入国民经济建设主战场，同时保持一支精干力量从事基础研究和高技术跟踪"；第二年3月又提出"一院两制"的构想（樊洪业，2003），进一步鼓励科研人员创办科技开发公司，促使联想等高科技企业迅速发展。

中国科学院主动谋划改革，于1997年12月向中共中央和国务院提交《迎接知识经济时代，建设国家创新体系》的报告，提出了建设国家创新体系的思路与科学院的战略选择，建议国家组织实施"知识创新工程"。1998年2月江泽民总书记批示支持科学院的建议（中国科学院，2012）[1]。同年6月，朱镕基总理主持召开国家科技教育领导小组会议，会议决定由中国科学院作为国家创新体系建设的试点，启动知识创新工程。为了建设具有国际先进水平的国家自然科学和高技术的知识创新中心，包括科研基地、高级人才培养基地、促进高技术产业发展基地、科学思想库等，中国科学院在科技布局、人事制度、资源配置模式、科技评价与奖励制度等方面都进行了大规模的改革，提高了科研产出成效，这为国家创新体系建设和科技体制改革提供了经验。

国家对中国科学院的发展寄予厚望。习近平总书记在2013年7月17日视察中国科学院，要求科学院"率先实现科学技术跨越发展，率先建成国家创新人才高地，率先建成国家高水平科技智库，率先建设国际一流科研机构"。随后，科学院制订《"率先行动"计划暨全面深化改革纲要》，其中的改革举措涉及研究所改革、科研布局优化、人事制度改革、科技智库建设、开放合作等方面。2014年11月以来，科学院按照"四个率先"和"三个面向"的要求，重点建设创新研究院、卓越创新中心、大科学研究中心[①]、特色研究所等四类机构，推进科研院所的分类改革，着力建设国家战略科技力量，为实施创新驱动发展战略和推进现代化建设做出更大的贡献。

中国科学院作为国家科学技术最高咨询机构，发挥着高端科学思想库或智库的作用，支持了国家的宏观决策。比较典型的事例有：1956年组织科学家制订十二年科技发展远景规划，1981年建立科学基金制度[②]，1986年提出“863”计划[③]，1997年提出《迎接知识经济时代，建设国家创新体系》等一系列重大建议或战略研究报告，在国家发展的关键时期针对重大问题提出了应对挑战的系统科学建议和解决方案，从而引领了中国科技发展的方向。

---

① 中国科学院拥有诸多大科学装置，如北京正负电子对撞机、上海光源、天眼等。

② 1981年5月，谢希德、曹天钦等89名中国科学院学部委员在第四次学部委员大会期间联名致函中央领导人，建议借鉴发达国家的经验，设立面向全国的科学基金制。该建议得到邓小平的支持并迅速获批，1981年设立中国科学院科学基金（张存浩　等，1999）。1986年中国科学院科学基金委员会升级为国家自然科学基金委员，其任务为“有效地运用科学基金，指导、协调和资助基础研究和部分应用研究，发现并培养人才，促进科学技术进步和经济社会发展”。

③ 1986年3月3日，针对美国“战略防御倡议”，王大珩、王淦昌、陈芳允和杨嘉墀联名提出《关于跟踪研究外国战略性高技术发展的建议》。3月5日，邓小平批示：“这个建议十分重要，……此事宜速作出决断，不可拖延。”为此，国务院先后召开7次会议，组织124位专家分成12个小组，对建议进行反复讨论和论证，形成的《国家高技术研究发展计划纲要》在同年10月召开的中共中央政治局扩大会议上获得批准（汝鹏　等，2010）。

第五节　大量培养科学技术人才

中华人民共和国成立以后，执政党面临着建立政权，发展经济、科技和文化等事业的艰巨任务，但各个层次的专业人员和管理人员均十分匮乏。据统计，1949年科学研究、工程技术、教育、卫生、文学艺术等领域的高级知识分子仅有6万多人（薄一波，1991）[199]。20世纪50年代初，许多留学海外的知识分子回国工作。截至1957年，已有3 000多人回国，他们大多成为中国科技事业的带头人和中坚力量。中国科学院第一届学部大会选出自然科学和工程技术三个学部的155名委员，其中90%的人有留学经历。当然，区区几万人的知识分子队伍远不能满足国家建设的需要，科技人才的数量和专业结构等方面的不足非常突出。培养高级技术人才的主要措施是大力发展高等和中等专业教育，并向发达国家派遣留学生。

一、高等学校的院系调整

民国时期的高等院校办学模式主要模仿欧洲、美国和日本的学校，比较重视通才教育。1949年，中国共产党开始接管原国民政府所属的高等院校，并考虑学习苏联的经验。不过，1950年私人团体和教会团体仍然控制着近40%的高等院校（费正清，1990）[76]。到1952年末，大多数外国教师和行政人员离开中国，私立学校被取消或改组。

1949—1951年，北京、上海、天津等地的高等学校进行了局部调整，并分化出或者说新建立一些工科院校、文理科为主的综合大学等。例如，1950年9月以原东北大学工学院为基础成立了东北工学院。截至1951年10月，全国高等工学院增加到42所，设有工程系科的大学有6所，工业专科学校17所。这些学校共有42种系和14种专科与专修科，学生共有1.2万多人（苏渭昌　等，2000）[93]。当时工科院校中存在诸多问题，如：（1）地理分布不合理；（2）系科庞杂，人才培养不够专精；（3）学生数量不能适应工业建设的迫切需要。为改变这种局面，教育部、重工业部和燃料工业部以及其他有关部门进行了多次协商，并经政务院批准，最后拟订了改革方案。1951年，教育部制定了《全国工学院调整方案》，并于同年11月召开全国工学院院长会议，研究调整问题。

1952年5月，教育部决定参考苏联的办学经验，发展综合大学和专门学院，重点是培养工业建设人才和师资力量。是年9月，中央人民政府成立高等教育部（简称高教部）。9月24日，根据政务院《关于改革学制的决定》，在苏联专家的直接参与下，高教部参照苏联的教育体制或者说办学模式，以华北和华东两区为重点对高等院校进行院系调整。这一举措很快影响到华北和华东以外的省区。

1953年1月，中央人民政府召开各大行政区文教委员会主任会议，讨论教育界存在的缺乏计划性、与经济建设协调不够等问题及其解决措施。会议提出的主要任务之一，是集中力量搞好高等和中等技术院校的调整和管理，为经济建设培养人才。1953年，全国高等院校的调整完成了3/4（曾昭抡，1953）。1955年，在修订国民经济第一个五年计划时，中央提出高等教育必须配合国民经济发展，学校分布应避免过于集中。于是，沿海地区的一些高校同类专业迁入内地，同时以某些内迁的专业为基础，新建或扩建部分学校，使内地高校的数量显著增加，办学质量得到提高。院系调整的主要做法是，除保留部分以文理科为主的综合性大学外，按行业归口分类组建工、农、医、师范等专门学院和专科学校，合并或增设系和专业；大多数省份都有一所文理综合大学以及工、农、医、师范等专门学院，高等院校在地区布局上趋于均衡。通过这样的调整，原先的通才教育和国家较少干预的欧美模式基本上转变为专业教育和受国家计划影响的苏联模式（董光璧，1995）[3]，填补了一些学科领域的空白，改善了高校布局的地区和专业不平衡的状况（韩晋芳，2015）。

院系调整的一个重点目标是发展工科教育，以适应工业化建设的迫切需要。经过院、系和专业的分类合并，组建了文理综合大学、多学科工业大学，以及钢铁、矿业、地质、机械、航空、农学、医学、师范等专门学院，它们分别划归中央政府的产业部委或高等教育部管理①。院系调整的一个主要内容是调整专业设置，根据专业拟订系统的教学计划，将几种性质相近的专业组成系。1952年后，各高等院校的系和专业逐步增加，学科分得很细，由一级学科细分出许多二级学科。1957年以后，一些重点大学扩大无线电、流体力学和固体力学等专业范围，开办计算机、空气动力学、计算数学等专业，以适应发展尖端技术的需要，这与十二年远景规划的要求是合拍的。

到1957年，全国院系调整基本结束。在调整过程中，华北、华东、中南等地区的工学院被大幅度地改组。北京大学的工学院、燕京

① 产业部委管理高等院校，使高等教育服务于行业发展。例如，重工业部在1949—1952年组建了东北工学院、北京钢铁学院和中南矿冶学院这3所高等冶金专业学院，在其他大学中也设置了一些冶金专业。1957年，全国各冶金研究机构的人员比1952年增长了413%（中国科学院编译出版委员会，1960）[3]。

大学的工学院各系并入清华大学，清华大学改为多科性的工业高等学校，而清华大学的文、理、法三学院及燕京大学的文、理、法各系并入北京大学。南开大学的工学院和津沽大学的工学院并入天津大学。浙江大学改为多科性的工业高等大学，其文学院并入其他大学。南京大学（原中央大学）的工学院独立成南京工学院。按照类似的思路还调整成立了一些行业性比较强的单科性学院。例如，武汉大学的矿冶工程系、湖南大学的矿冶系、广西大学的矿冶系、南昌大学的采矿系等被调整出来，合并成中南矿冶学院；原交通大学、大同大学、东吴大学、震旦大学、江南大学和山东工学院化工系或专业被调出，合并成华东工学院，下设无机工业、有机工业和化工机械三个系；以清华大学石油系为基础组成北京石油学院，以清华大学农业机械专业为基础成立北京农业机械化学院；以清华大学航空工程学院、北京工业学院和四川大学等8所院校的航空系为基础，组建成北京航空学院。1952年之后还陆续成立了一些新学院，做了进一步的布局调整。例如，1953年成立哈尔滨军事工程学院，1955年成立长春汽车拖拉机学院，1956年交通大学的主体由上海迁往西安。1960年，中央决定将全国重点高等院校增加到64所，其中综合大学13所、工科院校32所（中共中央，1996）。

经过调整和发展，工科学生占全部大学生总数的比例从1946年的18.9%上升到1952年的35.4%，高踞各科学生人数之首（曾昭抡，1953）。1952年，全国大专院校拟招收新生5万名，其中工学院（本科生、专修科以及专科学校）招收29 500名（苏渭昌　等，2000）[94]。事实上，1952年全国高级中学毕业生只有36 000名，即使全部投考高等学校，还缺14 000名左右。故高等教育部决定，从在职干部或其他人员中抽调年龄较轻、具有相当文化水平的人员补足此数。此后，工科学生占总学生数的比例继续上升。

高等院校在改革中普遍建立了苏联式的教研室或教研组，推行苏联式的全国统一的教学计划和课程设置以及与课程相对应的教学大纲。每个系之下设一些教研室。教研室把性质相近的课程的教师或研究人员组织起来，使他们在工作上互相配合，确保他们按照各专业的教学计划备课、授课，还负责研究和推广新的教学方法，领导研究工作和研究生培养工作（费正清，1990）[209]。教学计划规定每学年的教学时间和假期，要讲授的课程及其顺序，每周每天的学时数。教学大纲则明确规定教学的具体目标，学年和学期细目，教材和课时等。为了满足新模式下的教学需要，苏联高等学校的教学计划和教材被大量翻译成中文。相应地，中学以上的外语教育从教授英语或其他外语改为教俄语，俄语成了第一外国语。

工科院校的培养目标如清华大学所规定的那样，要培养通晓基本理论，并能实际运用各种工业技术知识的工程师（中国汽车工业史编审委员会，1996）。要求学生到工作岗位后既能很快胜任实际工作，又具有发展潜力。工科教学计划规定学生必须参加教学实习、生产实习和毕业前实习，实习内容丰富。学校鼓励研究课题与学生毕业设计相结合，与工厂需要相结合①。毕业生按照计划管理制度，由中央政府主管部门或省级主管部门负责分配到相应的行业去工作，能比较快地适应工作要求和环境。

中国还试图效仿苏联的研究生教育，于1955年试设高级学位制度。中国科学院和一些大学招收了一批研究生，培养目标类似于苏联

① 例如，清华大学1958届的毕业前实习就安排学生参加上海三轮汽车的设计和试制，或参加南京汽车厂1.5吨载货汽车的设计等。

培养副博士。当时，全国能带硕士研究生的导师大约只有2 000人，大部分集中在教育系统和产业部门（聂荣臻，1984）[793]。有些大学请苏联专家直接帮助指导研究生，特别是中国比较薄弱的应用科学和技术专业的研究生。另外，在发展高等技术教育的同时，中国政府借鉴苏联经验，开办了中等技术学校和技工学校等，形成不同层次的技术人才队伍，为工业化建设培养了初级和中级技术人员。

20世纪50年代，中国政府选择向苏联和东欧国家派遣留学生①。1954—1956年，留苏学生达到空前规模，共派出5 853名。1960年之后，留苏学生锐减到数十人。据统计，1950—1958年向国外共派出留学生16 152人，学成归国的有9 074人（国家科委党组　等，1996）。来自中国驻苏联使馆的数据表明，1951—1958年中国向苏联共派出7 493名学生，其中69%学工科，10.6%学理科，6.9%学农林，3.4%学医学（中国科学院干部局，1960），重点学习国家急需的、应用性强的专业，包括国防尖端专业。学生的层次和学习期限差别较大，分为大学生、研究生、进修教师、进修生、实习生和专科生等②。他们学成回国之后，填补了国内科学技术领域的一些空白，承担起学科建设、人才培养、技术研发和科学研究等重要任务，在远景

---

① 中国在科学技术方面并不想向苏联“一边倒”。1956年2月，毛泽东在听取重工业各部汇报时表示，要派人到资本主义国家去学技术，不论英国、法国、瑞士、挪威，只要他们要我们的学生，我们就去（薄一波，1991）[484]不过，由于西方国家未解除对华经济技术的封锁，学习资本主义发达国家的愿望不易实现。

② 留苏研究生、大学生和进修生主要分布在莫斯科大学、列宁格勒大学、莫斯科石油学院、莫斯科钢铁学院、莫斯科地质学院、莫斯科航空学院、莫斯科矿业学院、列宁格勒加里宁工学院等几百所高等院校和实习单位。大部分的实习生主要分布在苏联科学院各研究所和许多工厂。为了实施“156项工程”和其他援建工业项目，苏联有关单位为中国培训了技术人员、管理人员和技术工人，包括厂长、总工程师、工程师、车间主任、工段段长和工人。

规划和苏联援建项目的实施及国家其他建设中发挥了重要作用。

经过“一五”时期的高速发展，专业人员数量增长较快。1955年底，高等院校毕业生增加到21万余人（薄一波，1991）[500]。据估计，1956年初全国在科学研究、教育、工程技术、卫生、文化艺术和其他方面的高级知识分子大约有10万人；在高等院校有4 200名教学人员，教授和副教授只占17.8%，讲师占24%，助教占58.2%；各级工程师只有31 000多人，而高等院校毕业的技术员有63 600人（周恩来，1994a）。到1960年，中国科学家和工程技术人员的数量增加到190万左右，其中具有大学毕业以上程度的大约只有40万（聂荣臻，1984）[793]。

为了执行援建项目和克服人才短缺，苏联向中国派出专家和顾问，从事为期一般不超过两年的工作。截止到1959年10月，据官方估计，前十年苏联先后派经济和文教专家10 800多人来华工作，其中技术专家占了很大比例（周恩来，1959）。他们帮助中国完成冶金、机械、化工等工业援建项目，发展国防尖端、电子、自动化、计算机、航空等急需和薄弱的学科，建设实验室、教研室等机构，解决科技和管理问题，开设新课程，制订规划和计划。苏联专家的工作得到了中方的肯定。毛泽东曾在1958年7月底向赫鲁晓夫表示，苏联专家提出的建议有90%多是正确的（费德林　等，2001）。

二、改革开放时期的高等科技教育

教育是“文革”的重灾区之一。1966年，全国高等院校招生考试被停止①，高等教育基本陷于瘫痪状态。1972年，高校开始通过“自

① 1968年12月，毛泽东指示：“知识青年要到农村去，接受贫下中农的再教育，很有必要。”此后，每年都有大批知识青年“上山下乡”，也可以说这是一种逆城市化的现象。

愿报名、群众推荐、领导批准、学校复审”方式，招收工农兵学员，但学员的文化素质普遍比较差，教学质量不高。在1977年8月全国科学和教育工作座谈会上，武汉大学教师查全性在会上发言，批评工农兵学员招生办法，引起大家的共鸣。邓小平在发言时主张当年就改变招生办法，通过考试择优录取。会后，教育部决定恢复高考制度。1977年11—12月，各省、自治区、直辖市组织了冬季高考，录取了27.8万新生①。这次高考基本上恢复了1966年之前的做法，关系到千家万户，成为历史性转折的一个标志。

作家徐迟在1978年1月的《人民文学》上发表一篇报告文学《哥德巴赫猜想》，生动地刻画了陈景润取得数论研究成就的故事，这在全国引起巨大反响。陈景润顿时成为献身科学并摘得科学“明珠”的励志标杆，为人们攀登科学高峰的热潮推波助澜。在这样一个时代里，科学教育迅速恢复和发展，大批优秀中学毕业生投考科学技术类专业。

苏联模式的缺点和中国的失当举措逐步被社会各界认识。20世纪80年代初，全国几乎不存在兼具文、理、工、农、医等真正的综合性大学，专业设置偏窄。所谓的“综合大学”不过是一些由文科和理科构成的学校。工科院校很难营造一个文理工交叉的教育氛围，学生所学主要限于具体的专业，缺少必要的文化熏陶。随着改革的展开，高等院校在坚持原有学科优势的同时，呈现出综合化趋势，工、农、医等类院校逐步加强理科、人文社会科学学科的建设，一些学校纷纷

① 从高考恢复后录取的学生在大学学习的情况看，1977年之前比较普及的小学和中学教育是有成效的，学生们学到了不少基本知识。在“文革”中，学生学的知识较少，故未受到应试教育的塑造。

更名，如改称科技大学、理工大学等。1998年9月，浙江大学与杭州大学、浙江农业大学、浙江医科大学合并成综合性的新浙江大学。之后，高等院校合并成为一种风气，形成一批规模大、学科门类齐全的综合大学。

建立研究生制度是一项重大改革，也是高等教育走向结构健全和高水平的标志。在20世纪80年代初，多数高等院校在师资力量、实验条件和学术积累等方面还不够强，主要任务是培养本科大学生，科研能力不突出。在中国科学院首创研究生院之后，高等院校在80年代建立了与国际接轨的研究生制度，形成培养本科生、硕士生和博士生的三级系统，显著提升了人才培养层次。国家出台了“211”“985”“双一流”等改革举措，从结构和质量上改变了高等院校的格局，促使部分高校产生越来越大的国际影响力。

国家不断扩大高等院校招生规模，为各行各业大批输送专业人才，为现代化建设提供人力资源保证。1978—1998年，普通高校招生规模从40万人增加到108万人，在校生规模从86万人增加到341万人。1999年，中央和国务院决定扩大高等教育规模。在此后的十年里，高等教育规模先后超过俄罗斯、印度、美国，跃升为世界第一。截至2000年2月，全国本科院校达到1 022所，高等专科学校和职业技术学院有432所。2002年，高等教育毛入学率达到15%，进入国际公认的大众化发展阶段。2008年，全国各类高等教育在学人数超过2 900万人，毛入学率上升到23.3%。目前，具有高等教育学历的从业人数超过8 200万人，位居世界第二位。

结语：中国的经验与启示

400多年来中国社会的转变是一部内容极为丰富、风格极其独特的教科书。纵观上述，我们可以清楚地看到，中国的确发生了科学和技术的革命以及农业社会向工业社会的转变，其质变程度不亚于欧洲的文艺复兴、科学革命和工业革命等。中国的转变和发展影响深远，启示深刻。

一、中国发生“地域性的”科学革命和技术革命

中国古代有自己的科学传统和技术传统，比较而言，技术成就大于科学成就。从汉代起，墨家式微，读书人主要关注人文与社会，对探讨自然现象及其规律的兴趣明显不足。后来，科举制又将读书人的学术兴趣进一步引向非自然科学领域。在这种与境中，自然科学未能在中国得到充分发育，或者说，存在结构性缺陷。除了天文学等少数学科，其他自然科学知识未能发展成系统化的科学理论。另一方面，到14世纪初，中国农业和手工业等技术基本满足了传统农业社会的需求。这样，在小农经济生产方式的框架中，技术发展缺乏创新的动力。

16—18世纪，传教士以科学助传教，与中国学者合作将欧洲古典

科学技术及少部分与科学革命相关的知识传入明清两朝，朝廷有选择地推动了西学东渐。耶稣会士南怀仁在《欧洲天文学》中把他们在北京的历法改革称为一场“天文学革命”[①]。当代科学史家席文（Nanthan Sivin，1931—）认为，17世纪中国发生了自己的“科学革命”（Sivin N，1982），即宇宙模型与制订历法的方法转为以托勒密、第谷等人的理论为基础，以几何学和三角学为重要的数学工具[②]。然而，他们所称的“革命”的后果和形式均与欧洲的科学革命截然不同。传教士引入的异质科学和技术尚不足以从根本上激发中国知识体系的变革，不能将中国学术引向欧洲那种“科学革命”（张柏春，2000a）[343—347]。其实，那时的中国人对欧洲先后发生的科学革命和工业革命几近一无所知。

到19世纪中叶，中国开始走向知识变革与局部工业化。清朝在自强运动中重点引进西方船炮技术，开启军事工业化。1895年之后，清朝迫于形势，将改革举措逐步扩大到经济的“新政”、制度的“变法”。1903—1904年的学制改革和1905年的废科举制，标志着中国的知识革命进入关键阶段，中国对西方科学技术的接受由知识层面转向制度层面，为知识体系转型创造了制度条件。新学制和新文化运动促进了中国的科学启蒙，在这样的氛围中出现了工程师和科学家的学术社团。“中央研究院”等科研机构的创建使科学研究体制化，成为国家的一项基本事业。20世纪下半叶，政府号召“向科学进军”，将科学技术纳入国家规划并加以支持。改革开放以来，国家大力引进先进

① 由高华士（Noel Golvers）译成英文（Golvers N，1993）[54]。拉丁文表述是“Practerca cum hanc astronomicam（ut ita dicam） revolutionem...”（Golvers N，1993）[344]。

② 哈特（Roger Hart）认为，席文发现的中国科学革命是未完成的向着近代科学的转换，它象征着古代与近代的根本断裂（Hart R，1999）。

的科学和技术，且鼓励从跟踪为主逐步向创新过渡。从知识的选择性传播到20世纪前30年现代科学技术的建制化，中国的确发生了不同于西方的科学革命和技术革命。由于现代科学和技术的体系和制度取代了中国传统的体系和制度，我们可以将这场迟来的“地域性的”变革称作“取代式的”科学革命和技术革命。因内容涉及人文社会科学，故它亦可称作“知识革命”。知识革命是中国发展不可或缺的重要部分，对现代化进程的影响并不逊色于其他革命。

如果说古代中国是世界科学知识和技术的重要贡献者，那么，近现代中国则是世界科学革命和工业革命（技术革命）的受益者。中国不断引入世界先进科技，将技术转移与工业化建设融为一体，促进产业的转型和升级。由于技术创新能力尚不够强，技术转移对经济发展的贡献大于技术创新。通过消化吸收先进技术，企业及相关的科研和教育等机构逐步提高创新能力。研究机构致力于跟踪科技前沿和创造新知识，特别是解决“有”和“无”的问题，以突破国外的封锁或支撑技术创新。教育机构首先为现代化建设提供人才，同时也贡献新知识。

二、中国科技与世界科技前沿呈错位发展之势

中国发生了地域性的知识革命，但是，中国科技与世界科技前沿呈错位发展之势。16—17世纪欧洲发生第一次科学革命，这导致科学知识体系的整体转变。通过传教士搭建的欧亚知识交流桥梁，中国人有选择地接受欧洲的天文学、数学、地理学等知识及火器、钟表等技术，并试图将外来知识会通到中国传统知识框架之中。中国人对近代科学的核心内容一无所知，无缘第一次科学革命。

18世纪，第一次工业革命和技术革命首先发生在欧洲，深刻地改变了世界格局。1723年清朝决定禁绝天主教之后，中国人与欧洲人的

知识交流不畅，不了解西半球发生的巨变。1793年乾隆帝拒绝英国使者提出的通商请求，这象征着农业社会对跨洋贸易的轻视及对新兴工业社会的陌生。结果是，中国未搭上工业革命与技术变革的新车。

大约从19世纪30年代起，电力、电器、内燃机、炼钢、石油、新交通工具、新材料等技术的集群突破促成第二次工业革命与技术革命。同时，第一次科学革命的势头依然强劲，并成为技术发明的知识源。欧洲列强扩张至中国。中国遂以农业社会应对工业社会的冲击，在“师夷之长技”及相关的争议中逐步知晓“坚船利炮”背后还有工业和科学，少数人甚至意识到变法维新的紧迫性。可以说，中国在19世纪后期粘上工业革命与技术革命的边儿，但对工业社会不过是雾里看花。

20世纪初期，欧洲发生第二次科学革命。20世纪30—40年代起，欧美又发生第三次工业革命与技术革命。1900年之后，中国废除科举制，终于从文化和制度层面接受近现代科学技术及工业社会，在社会动荡之中发展教育、科研和工业。1949年以来，中国构建比较完整的工业体系、科技体系与教育体系，几步并作一步地谋发展，补300多年科技革命与工业革命之“课”，追踪科技前沿。尽管经历过挫折，但总算抓住20世纪科技革命和工业革命的机遇，走上建设现代化强国之路。

中国与发达国家科技错位发展的原因很复杂，其中包括对近代科技革命与工业社会的无知。无知的重要缘由首先是传统农业社会不够开放。

三、文化差异影响着知识的传播与革命

文化差异对跨文化的知识传播或移植有着重要的影响。面对中国的稳固文化系统，耶稣会士们采取天主教传教士在世界上任何地方都未采用过的以科学助传教和“适应”的策略，促使欧洲的科学和技术被传入一种异质文化——以儒家思想为核心的中华文化。这种传播与

传教、殖民扩张等相伴，受到儒家政治和宗教的相容性及“中体西用”理念的制约，其中“中体西用”在一定程度上可以理解为“中国中心主义”。儒家思想和“中体西用”理念从文化层面上代表着农业社会，体现着农业社会对异质文化和工业社会的选择性吸收或排斥。如此，西学的传入过程中，不可避免地发生知识的选择、价值冲突、会通、重塑，而这个复杂的转变过程需要时间并受到多种因素的影响，在中国经历了三个多世纪的时间。我们不能简单地将中国未在17—18世纪融入世界科学革命的主流归因于传教士有意隐瞒科学革命中形成的新知识。

西方科学技术的传入在明末和清朝前期基本上是与传教相关联的。鸦片战争后，科学技术只是部分地与宗教知识相伴，而主要与军事及经济结合，传播的途径拓宽了。经历了从明末历法改革到清末庚子事件，再到新文化运动等重大变故，中国人由文化自信、将西学中的科学技术视为工具和“中学”的补充，转向对文化传统和社会制度的批判以及对西方科学技术的全盘接受，乃至对西方人文社会科学也越来越多的认同。如此，科学革命与工业革命的浪潮终于跨过文化屏障，涌入古老的中国，并促进这个国家由农业社会向工业社会转变，即开始国家的现代化建设。直到“文革”时期，科学技术才一度受到意识形态的有力冲击，有些知识曾被贴上“资产主义”的标签。“文革”之后，在改革开放的大环境里，先进的科学技术成为最受中国社会欢迎的知识和“第一生产力”。

实际上，一旦放弃儒学的主导地位，中国传统文化就充分显现出开放性及与外来文化的相容性，成为全球化和中国模式现代化中的重要组成因素。

四、中国现代化的路径和模式有一定的特殊性

开放是现代化的必不可少的前提。中国的现代化是在外力冲击下，

被迫启动的。换言之，如果没有外力的推动，中国在19世纪开始发生巨变的可能性很小。从1860年起，清朝决定“师夷之长技以制夷”，到1895年认可发展矿冶、机器制造等工业，再到1908年颁布立宪计划，用了近70年才从器物、工业、知识和制度上基本认可工业社会。民国之初，政治上以建立共和体制为目标，经济上鼓励发展实业，这意味着社会精英们欲以工业社会取代农业社会。之所以转向如此缓慢，应该与中国农业社会和传统文化的庞大和源远流长有关，正所谓“船大掉头慢”。

中国的国土辽阔，地区之间在经济发展水平、文化传统、民族习俗和宗教信仰等方面都存在明显的差异，呈现出多样性。工业化和现代化因素是从清朝最初被迫开放的上海和其他通商口岸起步，然后逐步向内地梯次展开，后来又因抗战、经济规划等因素而发生布局变化。直到20世纪后半叶，地区之间的经济社会发展依然不够平衡，全国呈现出明显的城乡二元结构，农业人口比例高于发达国家。在国家总体实力大增和城镇快速发展的情况下，如何提升农村的经济社会发展水平，提高农民的收入和生活水准，降低农业人口的比例，实现城乡居民共同富裕，这仍然是国家的一项艰巨任务。

世界各国的现代化有一些工业社会的共同特征，却不完全一致。像清朝那样拒绝现代化是没有出路的。如果脱离国情和文化传统，简单照搬某一模式，则会发生这样或那样的问题，结果未必如愿。中国在不同程度上尝试过美国、西欧、苏联的发展模式和经验，但并没有真正的西化或苏化。其实，中国仍然在探索和实践基于国情的现代化模式。

五、社会稳定和政府有效是现代化建设的必要条件

在一个民族国家，现代化建设需要稳定的社会环境和有效的执政政府。这一点对某个时期的某些国家似乎不是问题。但中国的经验表

明，这是后发大国现代化必须解决的大问题。中国在这方面付出了沉重的代价。

科学、技术、工业和其他事业的健康发展，都需要一个基本稳定的社会环境和有利的国际环境。在“康乾盛世”之后，清朝自信满满地进入19世纪，直到英国人武力叩关，遇到数千年未有之变局、数百年未遇之强敌。从鸦片战争，到甲午战败，又到庚子事件，直到抗日战争，前后百余年里，中国深受内忧外患之害。当时的中央政府势弱，甚至不能有效执政和维护国家安全。由于社会动荡和战事频生，中央政府和地方当局将并不丰厚的财政收入的大部分消耗在军事和对外赔款等事务上，无力有效整合资源并将之用于发展现代的工业、农业、教育、科学和技术，很多建设构想难以实践或只停留在纸上。国家主体上仍然是以小农经济为主的农业社会，农业人口占绝大多数。

抗战胜利后，中国赢得了较好的国际地位和国际环境。内战结束之后，虽然存在两岸对峙，进行了抗美援朝，但中国终于进入稳定的和平发展时期。共产党领导的政府成为20世纪第一个有效在大陆执政的中央政府，能有力整合各种资源，进行大规模工业化建设，规划有序地发展现代科学技术和教育等各项事业。与民国时期类似，中华人民共和国优先巩固国防，国防建设遂成为科技发展的主要动力。20世纪70年代末，中国摆脱“文革”的十年内乱，建设事业回到发展正途，经济建设成为发展科学技术的主要动力（董光璧，1995）[4]。在改革开放时期，中国经济高速发展，各项事业取得了举世瞩目的巨大进展。

六、体制机制对科技发展成效有重大影响

体制机制问题事关经济社会发展的全局，对科学技术发展成效产

生了重大影响。中国早期工业化是在庞大的传统农业社会的基体上开始的，受到农业经济体制及相关因素的制约。船炮制造工业与技术被“嫁接”到清代农业社会，而与之相关的矿冶、机器制造、铁路等产业与技术同样受到农业社会的制度及文化的约束。清朝在20世纪初开始改革教育、经济和政治的体制，这才从制度上为工业化开路，为建设工业社会创造条件。

经济体制对工业化建设、科技发展，乃至现代化进程都产生着深刻的影响。20世纪50年代中国参照苏联经验，建立庞大的计划经济体制，并且发挥“集中力量办大事”的长处，大规模整合各种资源，优先发展重工业，且使高等教育和科技事业按计划服务于经济建设。在此过程中，形成“以任务带学科”的规划和发展科学技术的模式，实现以“两弹一星”为代表的重大突破。虽然经历过“大跃进”和“文革”的挫折，但国家还是快速推进了工业化建设，奠定了现代工业体系和科技体系的基础。不过，经过一段时期的发展之后，计划经济体制显露出僵化、动力不足、效率不高、与市场脱节等缺点。

改革开放以来，政府与社会各界逐步深化对计划与市场之间关系的认识，愈加重视发挥市场机制的作用，改革国有企业并鼓励发展非公有制经济，直到1993年中共中央决定建立社会主义市场经济体制。通过改革，中国有效地激发出各界的创业创新活力，创造了经济持续高速发展的奇迹。市场机制使企业在有序竞争中进行转型与技术升级，积极消化吸收国外先进科技，并逐步谋求创新，阶段性地提升科技水平，不断推出新产品，满足千变万化的社会需求。可以说，国家战略科技力量善于在“集中力量办大事”方面发挥引领作用，高等院校生产和传授知识，而企业则善于解决面向市场的、量大面广的技术问题。

20世纪80年代初期，科学技术与经济“两张皮”问题，或者说，科技驱动经济发展的效率不高问题已经充分显现。于是，中共中央先后决定改革经济体制和科学技术体制，以进一步解放生产力。在以引进和消化吸收国外技术支撑经济发展的同时，国家尝试产学研结合、科研机构转制等诸多改革举措，鼓励科技力量面向国民经济主战场，培养创新能力强的人才，为经济社会发展做更大的贡献，尤其是要谋求突破关键核心技术，摆脱对发达国家的技术依赖，打破国际技术壁垒。

七、对科学技术及其与现代化关系的认识转变

中国对科学与技术的本质及其与经济发展关系认识，经历了一段较长时期的探索。20世纪上半叶，中国提出“实业救国”和“科学救国”等口号，那时传入的科学、技术和工业三者都不够强，且技术与工业的相关度较高。50年代，将科学和技术并称为“科学技术”或“科技”，强调了科学与技术的密切关联，同时在某种程度上模糊了科学和技术之间的差异，使得二者之间的明显区别有所淡化。这容易造成科技政策上的偏差，一方面以治理技术的方法来对待自然科学，甚至将科学探索活动普遍工程化；另一方面以论文评价技术，而使技术研究片面理论化。工程有明确的目标，首先综合运用已经掌握的技术，再谋求部分创新，一般是可以进行周密规划和设计的。相较而言，科学活动的探索性和不确定性很强，是难以准确预测和规划的。科学的基础研究首先要求选对人才并给予稳定支持，让他们解放思想地做前沿探索。

“科学技术是第一生产力”代表着政府对科学和技术的社会功能做出的政治论断，构成国家科学技术战略和政策的基础。从学理上看，技术表现为直接的生产力，与现代化直接相关；而科学可能是间接的生产力，与工业化的直接相关度不像技术那样高，或者说以间接相关为主（张柏春，2012）。由此我们不难理解，工业化为什么直接

得益于技术的革命、转移和创新。自然科学研究着眼于发现本质和规律，解决认知的问题，不一定总要考虑实际应用，它是在知识层面贡献于国家的现代化。科学发现和创造为技术发明与创新提供知识源泉，可进一步孕育新产业。

与西方发达国家相比，中国实现现代化的条件是苛刻的。它不可能像当年欧洲国家那样大规模向海外移民，进行殖民扩张，无节制地开采资源与排放污染物。它要承受人口过多和资源短缺的巨大压力，保持经济不断增长与社会持续稳定，解决国内地区发展差距大等问题，还要应对激烈的国际竞争和不同程度的技术封锁，使十几亿人口实现现代化。因此，依靠科技进步和创新是中国的一个必然选项。

创新是科学技术发挥生产力功能的关键环节，是将新概念的构想或技术发明转变为生产力并进入市场的过程。许多国家的经验表明，抓好“创新”这个环节是走向工业化和现代化的一条有效捷径（张柏春，2012），也是技术进步的常态。一些未曾发生科学革命或技术革命的国家“搭上”科技革命的“便车”，便可通过创新、繁荣科学文化等举措而成为后起的现代化国家。从“第一生产力”到“创新驱动发展”，这是对科学和技术的本质及其与经济社会关系的认识的深化。中国应首先着力于提升创新能力，并通过必要的体制改革和教育改革等来解放人的创造力，全面实现国家的现代化。

在当下的中国，人们继续热议“新科技革命”或“新工业革命”及其带来的发展机遇等话题。无论是在科技革命时期，还是在科技发展的常规期，后进国家都可能通过知识转移与创新，追赶发达国家，跻身科技强国之列。中国须珍惜国内和国际有利因素，脚踏实地地发展工业、科学、技术和教育等，切实提升创新能力，争取由“跟踪”向“并跑”和“领跑”过渡，跻身现代化强国的行列，实现中华民族的伟大复兴。

参考文献

鞍钢史志编纂委员会，1991. 鞍钢志（1916—1985）［M］. 北京：人民出版社：16.

白晋，1981. 康熙皇帝［M］. 赵晨，译. 哈尔滨：黑龙江人民出版社.

宝鋆，1930. 筹办夷务始末（同治朝），卷二十五［M］. 故宫影印抄本：9-10.

鲍里索夫，科洛斯科夫，1982. 苏中关系（1945—1980）［M］. 肖东川，谭实，译. 北京：生活·读书·新知三联书店.

薄树人，1978. 清钦天监人事年表［G］//中国天文学史整理研究小组，科技史文集：第1辑（天文学史专辑）. 上海：上海科学技术出版社：86-101.

薄一波，1991. 若干重大决策与事件的回顾，上卷［M］. 北京：中共中央党校出版社.

薄一波，1993. 若干重大决策与事件的回顾，下卷［M］. 北京：中共中央党校出版社.

蔡元培，1980. 致《公言报》函并附答林琴南君函［M］//高平叔. 蔡元培教育文选. 北京：人民教育出版社：64.

陈献章，1992. 书漫笔后［M］//沈善洪，黄宗羲全集第七册：明儒学案（一）：卷五. 杭州：浙江古籍出版社：94.

陈修和，1962. 奉张时期和日伪时期的东北兵工厂［M］//中国人民政治协商会议全国委员会文史资料研究委员会. 文史资料选辑（5）. 北京：中华书局：150–154.

陈悦，2006. 南怀仁《新制灵台仪象志》中力学知识之研究［D］. 北京：中国科学院自然科学史研究所：38–56.

陈云，1984. 陈云文选（一九四九—一九五六年）［M］. 北京：人民出版社：241.

陈垣，1973. 康熙与罗马使节关系文书［M］. 台北：台湾学生书局：70–71.

陈真，姚洛，1957. 中国近代工业史资料，第一辑［M］. 北京：生活・读书・新知三联书店.

陈真，姚洛，1961a. 中国近代工业史资料，第三辑［M］. 北京：生活・读书・新知三联书店.

陈真，姚洛，1961b. 中国近代工业史资料，第四辑［M］. 北京：生活・读书・新知三联书店.

重庆市政协文史资料研究委员会，1985. 国民参政会纪实，上卷［M］. 重庆：重庆出版社：36–37.

大庆市政协文史资料研究委员会，1987. 大庆油田的发现：大庆文史资料第一辑［M］. 哈尔滨：黑龙江人民出版社：17–18.

邓恩，2003. 从利玛窦到汤若望——晚明的耶稣会传教士［M］. 余三乐，石蓉，译. 上海：上海古籍出版社.

董光璧，1995. 中国近现代科学技术史［M］. 长沙：湖南教育出版社.

董恺忱，范楚玉，2000. 中国科学技术史：农业卷［M］. 北京：科学出版社：622.

杜升云，陈久金，1992. 天文历数［M］. 济南：山东科学技术出版社：346–347.

樊洪业，1985. 中央研究院机构沿革大事记［J］. 中国科技史杂志,（2）：29–31.

樊洪业，1992. 耶稣会士与中国科学［M］. 北京：中国人民大学出版社.

樊洪业，1999. 中国科学院编年史：1949—1999［M］. 上海：上海科技教育出版社.

樊洪业，2003. 让历史告诉今天——中国科学院“办院方针”史事编年述要［J］. 科学新闻,（6）：14.

樊洪业，2005.《科学》杂志与中国科学社史事汇要（1914—1918）［J］. 科学，57（1）：37–40.

方豪，1987. 中西交通史［M］. 长沙：岳麓书社：758.

方以智，1884. 物理小识自序［M］//方以智. 物理小识. 宁静堂刻本：1a–b.

费德林，菲廖夫，2001. 赫鲁晓夫与毛泽东会谈记录（1958年7月31日至8月3日）［M］. 马贵凡，译//中共中央党史研究室，中央档案馆. 中共党史资料（79）. 北京：中共党史出版社：167–219.

费正清，1990. 剑桥中华人民共和国史：1949—1965［M］. 北京：中国社会科学出版社.

冈察连柯，2002. 中苏分裂的军事因素［M］. 张丽华，译//李丹慧. 北京与莫斯科：从联盟走向对抗. 南宁：广西师范大学出版社：244–269.

顾颉刚，1978. 秦汉的方士与儒生［M］. 上海：上海古籍出版社：27.

顾毓琇，1985. 吸收国内外历史经验把科技成果加速转化为生产力. 工程师论坛（2）：2.

郭伯恭，1992. 四库全书纂修考［M］. 上海：上海书店.

郭传杰，2004. 发展合作网络，共创科技辉煌［J］. 中国科学院院刊（英文版）中文特刊：10–11.

郭世荣，2002. 明代数学与天文知识的失传问题［M］//《法国汉学》丛书编纂委员会，法国汉学：科技史专号：第六辑. 北京：中华书局：320–335.

国家计划委员会对外经济贸易司，对外经济贸易部技术进出口司，机械电子工业部技术引进信息交流中心，1992. 中华人民共和国技术引进四十年（1950—1990）［M］. 北京：文汇出版社.

国家计委党组，2003. 国家计委党组对“二五”期间提请苏联援助项目的看法和谈判中感到的问题的报告（1959年3月9日）［R］. 中共党史资料（2）：23–28.

国家科委党组，教育部党组，外交部党委，1996. 关于留学生工作会议的报告（1959年6月10日）［M］//中共中央文献研究室编. 建国以来重要文献选编：第12册. 北京：中央文献出版社：449–461.

国家统计局，1983. 中国统计年鉴：1983年［M］. 北京：中国统计出版社：242，243，279.

国家统计局，1984. 中国统计年鉴：1984年［M］. 北京：中国统计出版社.

《国外经济统计资料》编辑小组，1981. 国外经济统计资料：

1949—1978年［M］. 北京：中国统计出版社：81-145.

国务院科学规划委员会，1994. 1956—1967年科学技术发展远景规划纲要（修正草案）（1956年）［M］//中央文献研究室编. 建国以来重要文献选编：第9册. 北京：中央文献出版社：436-540.

国务院科学规划委员会办公室，1958. 中苏合作项目122项我方项目负责单位及执行单位的负责人、地址一览表（1958年7月）［A］. 中国科学院档案处档案，案卷58-4-13.

海茵茨希，2001. 中苏走向联盟的艰难历程［M］. 张文武，李丹琳，译. 北京：新华出版社.

韩晋芳，张柏春，2010. 对莱布尼茨与闵明我问答的分析与注释［M］//张西平. 莱布尼茨思想中的中国元素. 郑州：大象出版社.

韩晋芳，2015. 中国高等技术教育的“苏化”（1949—1961）——以北京地区为中心［M］. 济南：山东教育出版社：172-180.

韩琦，1992. 关于17、18世纪欧洲人对中国科学落后原因的论述［J］. 自然科学史研究，11（4）：289-298.

韩琦，1996. 君主与布衣之间——李光地在康熙时代的活动及其对科学的影响［N］. 清华学报（台湾），新26（4）：421-445.

韩琦，1998. 《数理格致》的发现——兼论18世纪牛顿相关著作在中国的传播［J］. 中国科技史料，19（2）：78-85.

韩琦，2002. “自立”精神与历算活动——康乾之际文人对西学态度之改变及其背景［J］. 自然科学史研究，21（3）：210-221.

胡居仁，1992. 居业录［M］//沈善洪，黄宗羲全集第七册：明儒学案（一）：卷二. 杭州：浙江古籍出版社：27.

黄一农，1988. 中西文化在清初的冲突与妥协——以汤若望所编民历为个案研究［M］//Malek R. *Western Learning and Christianity in China*. China-Zentrum and the Monumenta Serica Institute：431-438.

黄宗羲，1990. 象山学案［M］//沈善洪，黄宗羲全集第五册：宋元学案（三）：卷五十八. 杭州：浙江古籍出版社：276.

纪昀，1983.《奇器图说》提要［M］//王志远，林皋. 景印文渊阁四库全书，子部148，第842册. 台北：商务印书馆：407–408.

季树农，1988. 资源委员会移沪迎接解放亲历记［M］//全国政协文史资料研究委员会工商经济组. 回忆国民党政府资源委员会. 北京：中国文史出版社：252–274.

蒋良骐，1980. 东华录［M］. 北京：中华书局，卷16：268.

金立肇，1991. 赵九章不支持为《中国地震区域划分图》申请列宁科学奖金［J］. 院史资料与研究，（2）：45–54.

经济部，1943. 抗战六年来我国工业技术之进步［M］. 重庆：国民政府经济部：18.

孔经纬，1958. 日俄战争至抗战胜利期间东北的工业问题［M］. 沈阳：辽宁人民出版社：67，74.

科技部，2016. 国家创新指数报告2015［R/OL］.［2016–07–25］. http：//www.most.gov.cn/kjbgz/201607/t20160725_126747.htm

李富春，1996. 李富春致张稼夫谈十二年科研规划方针、方法和内容的信（1956年1月5日）［J］. 院史资料与研究，（4）：56–57.

李天纲，1998. 中国礼仪之争：历史・文献和意义［M］. 上海：上海古籍出版社：15.

李俨，1998. 唐宋元明数学教育制度［M］//李俨，钱宝琮. 科学史全集：第八卷. 沈阳：辽宁教育出版社：223–266.

李玉琪，惠荣，2013. 论大庆油田的发现过程与原因［J］. 西安石油大学学报（社会科学版），（2）：60–67.

李真真，1993. 何祚庥先生访谈录（1992年3月9日）［J］. 院史资料与研究，（1）：1–18.

李真真，1996. 吴明瑜访谈录（1996年4月11日）［J］. 院史资料与研究，（2）：1–44.

李贽，1975. 焚书　续焚书［M］. 北京：中华书局：35.

利玛窦，1965. 译几何原本引［M］.几何原本. 天学初函本. 台北：学生书局：2a–6a.

利玛窦，金尼阁，1983. 利玛窦中国札记［M］. 何高济，王遵仲，李申，译. 北京：中华书局.

利玛窦，1986. 利玛窦全集4：利玛窦书信集（下）［M］. 罗渔，译. 台北：光启出版社：265.

梁家勉，1981. 徐光启年谱［M］. 上海：上海古籍出版社：49.

林铁钧，史松，1988. 清史编年，第二卷（康熙朝）上［M］. 北京：中国人民大学出版社：475.

林文照，1988. 中央研究院的筹备经过［J］. 中国科技史料，（2）：70–73.

刘少奇，1993. 关于中华人民共和国宪法草案的报告（1954年9月15日）［M］//中共中央文献研究室. 建国以来重要文献选编：第5册. 北京：中央文献出版社：463–513.

刘振坤，1999a. 张劲夫访谈录（1998年12月10日）［J］. 院史资料与研究，（1）：1–17.

刘振坤，1999b. 杜润生访谈录（1998年5月29日；1999年1月6日）［J］. 院史资料与研究，（3）：1–33.

陆敬严，华觉明，2000. 中国科学技术史：机械卷［M］. 北京：科学出版社：313–315.

吕学剑，王文东，1989. 当代中国的对外经济合作［M］. 北京：中国社会科学出版社：318.

罗光，1982. 徐光启传［M］. 台北：传记文学出版社.

罗桂环，王子春，2005. 中国科学技术史：生物学卷［M］. 北京：科学出版社：273–274.

罗兹曼，1988. 中国的现代化［M］. 比较现代化课题组，译. 南京：江苏人民出版社.

马楚坚，1996. 西洋大炮随传教士之引进及其对明清态势的改变［M］//马楚坚. 明清人物史事论析. 南昌：江西高校出版社：490–561.

马齐，张廷玉，蒋廷锡，1985. 大清圣祖仁皇帝实录：卷一百五十四［M］. 影印本. 北京：中华书局：2b–4a.

毛泽东，1967. 论人民民主专政［M］//毛泽东. 毛泽东选集（一卷本）. 北京：人民出版社：1357–1371.

毛泽东，1977. 毛泽东选集：第五卷［M］. 北京：人民出版社：475.

毛泽东，1990. 在政协一届四次会议上的讲话（1953年2月7日）［M］//中共中央文献研究室. 建国以来毛泽东文稿：第4册. 北京：中央文献出版社：45–46.

毛泽东，1992a. 在莫斯科共产党和工人党代表会议上的讲话（1957年11月14日、16日、18日）［M］//中共中央文献研究室. 建国以来毛泽东文稿：第6册. 北京：中央文献出版社：625–647.

毛泽东，1992b. 关于向军委会议印发《两年超过英国》报告的批语（1958年6月22日）［M］//中共中央文献研究室. 建国以来毛泽东文稿：第7册. 北京：中央文献出版社：278.

毛泽东，1994a. 论十大关系（1956年4月25日）［M］//中共中央文献研究室. 建国以来重要文献选编：第8册. 北京：中央文献出版社：243–266.

毛泽东，1994b. 十年总结（1960年6月18日）［M］//中共中央文献研究室. 建国以来重要文献选编：第9册. 北京：中央文献出版社：213–218.

梅文鼎，1680. 寄怀青州薛仪甫先生［M］. 绩学堂诗钞. 卷2：16b–17a.

牟复礼，崔瑞德，1992. 剑桥中国明代史：1368—1644年：上卷［M］. 张书生，译. 北京：中国社会科学出版社：197.

穆景元，陈文，房汉禄，1996. 圆明园风云录［M］. 沈阳：辽宁大学出版社：116.

聂荣臻，1984. 聂荣臻回忆录（下）［M］. 北京：解放军出版社.

彭敏，1989. 当代中国的基本建设（上）［M］. 北京：中国社会科学出版社.

皮锡瑞，1927. 经学历史［M］. 涵芬楼影印本：22.

齐思和，1979. 筹办夷务始末（咸丰朝），第八册［M］. 北京：中华书局：2669.

钱穆，1996. 国史大纲：修订本［M］. 北京：商务印书馆.

钱三强，1991. 钱三强主任的讲话（1990年12月17日）［J］. 院史资料与研究，（1）：11–20.

饶毅，黎润红，张大庆，2016. 辛酸与荣耀——中国科学的诺奖之路［M］. 北京：北京大学出版社：20–22.

容肇祖，1936. 李卓吾评传［M］. 上海：商务印书馆.

汝鹏，苏竣，2010. 科学家在中国科技决策中的影响力研究——以863计划为例［J］. 中国软科学，28（10）：86–92，163.

阮元，1843. 畴人传［M］. 观我生室汇稿本.

沙百里，1998. 中国基督徒史［M］. 耿昇，郑德弟，译. 北京：中国社会科学出版社：87.

苏渭昌，雷克啸，章炳良，2000. 中国教育制度通史：第八卷

［M］. 济南：山东教育出版社.

孙烈，2012. 制造一台大机器：20世纪50—60年代中国万吨水压机的创新之路［M］. 济南：山东教育出版社：99–161.

田淼，2005. 中国数学的西化历程［M］. 济南：山东教育出版社：5–9.

汪海波，1998. 中华人民共和国工业经济史［M］. 太原：山西经济出版社.

王守仁，1992. 王阳明全集，上册［M］. 上海：上海古籍出版社.

王晓峰，1999. 我国第一个科学技术发展远景规划的编制［M］// 中共中央党史研究室，中央档案馆. 中共党史资料（70）. 北京：中共党史出版社：5–8.

王仰之，1996. 中国地质调查所史［M］. 北京：石油工业出版社：当代学者对地质调查所的评论：2.

伪满国务院总务厅统计处，1944. 产业立地调书：第五分册［A］. 伪满档案：工矿商业，685. 沈阳：辽宁省档案馆：127–130.

魏源，1849. 海国图志［M］. 古微堂刻本：序1–2.

魏源，1976a. 魏源集，上册［M］. 北京：中华书局：177.

魏源，1976b. 魏源集，下册［M］. 北京：中华书局：869.

吴晓，2015. 谁是中国近代第一所大学［N］. 光明日报：11月3日13版.

席泽宗，2002. 南怀仁为什么没有制造望远镜［M］//席泽宗. 古新星新表与科学史探索. 西安：陕西师范大学出版社：614–616.

夏原吉，1962. 太祖实录，明实录［M］. 台北：“中研院”历史语言研究所校印.

谢和耐，1989. 中国文化与基督教的冲撞［M］. 余硕，译. 沈阳：辽宁人民出版社：4–5.

谢和耐，1991. 中国与基督教［M］. 耿升，译. 上海：上海古籍出版社：87–88.

新华社，2016. 中华人民共和国国民经济和社会发展第十三个五年规划纲要［N］. 人民日报，2016年3月18日. 第1版，第9–18版.

徐凤先，1994. 中国古代异常天象观［J］. 自然科学史研究，13（2）：201–208.

徐光启，1963. 徐光启集［M］. 王重民，辑校. 北京：中华书局：374.

徐光启，1965a. 泰西水法序［M］//泰西水法（1612年）. 天学初函本. 台北：学生书局.

徐光启，1965b. 几何原本杂议［M］//几何原本. 天学初函本. 台北：学生书局：1b.

徐光启，1998. 几何原本序［M］//几何原本. 中国科学技术典籍通汇·数学卷：第五分册. 郑州：河南教育出版社：2a.

徐宗泽，1990. 中国天主教传教史概论［M］. 上海：上海书店：177.

杨毅，1948. 三十年来中国之铁路机械工程［M］//中国工程师学会. 三十年来之中国工程. 南京：京华印书馆：17.

叶文程，罗立华，1997. 中国古外销陶瓷的年代［J］. 江西文物，（4）：109–113.

叶肇坦，1986. 国民党政府中央杭州飞机制造厂始末记［J］. 航空工业史料（近代史专辑），（5）：101–133.

阴和俊，2016. 国家科技创新需要深化国际合作［J］. 河南科技，（18）：5.

尹晓冬，2014. 16—17世纪西方火器技术向中国的转移［M］. 济南：山东教育出版社.

游战洪，2008. 北洋水师失败之技术思考［J］. 科学，（4）：

40–43.

曾昭抡，1953. 三年来高等教育的改进［J］. 人民教育，（1）：11–15.

詹嘉玲，1990. 欧洲数学在康熙年间的传播情况——傅圣泽介绍符号代数尝试的失败［C］//李迪. 数学史研究文集：第1辑. 呼和浩特：内蒙古大学出版社，台北：九章出版社：117–122.

詹嘉玲，2003. 清代初期和中期的数学教育［M］//法国汉学：第八辑. 北京：中华书局：393–433.

张柏春，1992. 中国近代机械简史［M］. 北京：北京理工大学出版社：112.

张柏春，1995. 明清时期欧洲机械钟表技术的传入及有关问题［J］. 自然辩证法通讯，17（2）：38–46.

张柏春，2000a. 明清测天仪器之欧化：十七、十八世纪传入中国的欧洲天文仪器技术及其历史地位［M］. 沈阳：辽宁教育出版社.

张柏春，张自清，黄开亮. 2000b. 机械发展概述［M］//吴熙敬. 中国近现代技术史. 北京：科学出版社.

张柏春，姚芳，张久春，等，2004. 苏联技术向中国的转移［M］. 济南：山东教育出版社.

张柏春，田淼，马深孟，等，2008. 传播与会通——《奇器图说》研究与校注［M］. 南京：江苏科学技术出版社.

张柏春，2012. 科技革命及其对国家现代化的推动刍议［J］. 科学与社会，2（1）：21–31.

张存浩，郑永和，1999. 回顾我国科学基金制的创立与发展：庆祝中国科学院建院50周年［J］. 中国科学院院刊，（3）：161–164.

张稼夫，2003. 中国科学院的初创工作［J］. 中共党史资料，（1）：47–55.

张静，2004．邓小平与中美科技合作的开展（1977—1979）［J］．当代中国史研究，（3）：14-23.

张九辰，2005. 地质学与民国社会：中央地质调查所研究［M］. 济南：山东教育出版社：54.

张铠，1997. 庞迪我与中国——耶稣会“适应”策略研究［M］. 北京：北京图书馆出版社.

张维华，1982. 明史欧洲四国传注释［M］. 上海：上海古籍出版社：161.

张文昭，1995．中国陆相盆地油气勘探实践［M］．北京：石油工业出版社：4.

张效祥，1986. 记我国计算机事业初创时期二三事［M］//中国科学院计算技术研究所. 中国科学院计算技术研究所三十年（1956—1986）. 北京：中国科学院计算技术研究所：28-35.

章梫，1994. 康熙政要［M］. 中共中央党校出版社：356-357.

郑学稼，1946. 东北的工业［M］. 东方书店：111.

支伟成，1986. 清代朴学大师列传［M］. 长沙：岳麓书社：1.

中华人民共和国国家统计局，1959. 关于发展国民经济的第一个五年（1953年到1957年）计划执行结果的公报［R］. 北京：统计出版社：8.

中共中央，1993. 中共中央对中国科学院党组《关于目前科学院工作的基本情况和今后工作任务给中央的报告》的批示（1954年3月8日）［M］//中共中央文献研究室. 建国以来重要文献选编：第5册. 北京：中央文献出版社：164-167.

中共中央，1996. 中共中央关于增加全国重点高等学校的决定（1960年10月22日）［M］//中共中央文献研究室. 建国以来重要文献选编：第13册. 北京：中央文献出版社：649-651.

中共中央文献研究室，1993a. 建国以来重要文献选编：第5册［G］. 北京：中央文献出版社.

中共中央文献研究室，1993b. 建国以来重要文献选编：第6册［M］. 北京：中央文献出版社.

中共中央文献研究室，1994a. 建国以来重要文献选编：第8册［M］. 北京：中央文献出版社.

中共中央文献研究室，1994b. 建国以来重要文献选编：第9册［M］. 北京：中央文献出版社.

中共中央文献研究室，1995. 建国以来重要文献选编：第11册［M］. 北京：中央文献出版社.

中国科学院，2009. 科技革命与中国的现代化：关于中国面向2050年科技发展战略的思考［M］. 北京：科学出版社：29.

中国科学院，2012. 中国特色国家创新体系建设的成功实践——知识创新工程（1998—2010）评估报告［R］. 北京：科学出版社.

中国科学院办公厅，1956. 一九五六年大事记［N］. 中国科学院年报：373-387.

中国科学院编译出版委员会，1960. 十年来的中国科学——冶金（1949—1959）［M］. 北京：科学出版社.

中国科学院干部局，1960. 1960年驻苏使馆重要来往文件［A］. 中国科学院档案处档案，案卷1960-10-12.

中国科学院联络局，1955. 中国科学院关于贯彻院长顾问柯夫达的“关于规划和组织中华人民共和国全国性的科学研究工作的一些办法”草案呈报国务院的文函［A］. 中国科学院档案处档案，案卷1955-2-99.

中国汽车工业史编审委员会，1996. 中国汽车工业史［M］. 北京：人民交通出版社：92.

中国史学会，1961a. 洋务运动，第二册［M］. 上海：上海人民出版社：225.

中国史学会，1961b. 洋务运动，第四册［M］. 上海：上海人民出版社：509–510.

中国史学会，1961c. 洋务运动，第五册［M］. 上海：上海人民出版社.

中国天文学史整理研究小组，1981. 中国天文学史［M］. 科学出版社：222–224.

钟少异，齐木德·道尔吉，2004. 内蒙古新发现元代铜火铳及其意义［J］. 文物，（11）：65–67.

周恩来，1959. 伟大的十年［N］. 人民日报，1959年10月6日.

周恩来，1984. 在八届二中全会上的报告（1956年11月10日）［C］//周恩来. 周恩来选集：下卷. 北京：人民出版社：229–238.

周恩来，1994a. 关于知识分子问题的报告（1956年1月14日）［G］//中央文献研究室. 建国以来重要文献选编：第8册. 北京：中央文献出版社：11–45.

周恩来，1994b. 政府工作报告（1957年6月26日）［M］//中共中央文献研究室. 建国以来重要文献选编：第10册. 北京：中央文献出版社：298–357.

周恩来，1997. 国内形势和我们的任务（1962年3月27—28日）［M］//中共中央文献研究室. 建国以来重要文献选编：第14册. 北京：中央文献出版社：263–317.

周培源，1980. 六十年来的中国科学［C］//中国社会科学院近代史研究所. 纪念五四运动六十周年学术讨论会论文选（一）. 北京：中国社会科学出版社：44–63.

周光召，2007. 973计划十年［J］. 前沿科学，（3）：4–9.

竺可桢，1932.从战争讲到科学研究［J］. 科学，16（6）：859–870.

竺可桢，1989. 竺可桢日记. III［M］. 北京：科学出版社：658.

有马成甫，1962. 火炮的起源及其流传［M］. 东京：吉川弘文馆：105–106.

橋本敬造，1970. 《暦象考成》の成立［M］//藪内清、吉田光邦. 明清時代の科学技術史. 京都：京都大学人文科学研究所：49–92.

CHAPMAN A，1984. Tycho Brahe in China：The Jesuit Mission to Peking and Iconography of the European Instrument-Making Process［J］. Annals of Science，41：417–443.

D'ELIAPM，1960. Galileo in China：Relations through the Roman College between Galileo and the Jesuit Scient-Missionaries（1610—1640）［N］. Cambridge：Harvard University Press.

ENGELFRIET P M，1998. Euclid in China：The genesis of the First Translation of Euclid's Elements in 1607 and it's Reception up to 1723［M］. Leiden：Knoinklijke Brill nv.

GOLVERS N，1993. The Astronomia Europaea of Ferdinand Verbiest：S. J.（Dillingen，1687）［M］. Text，Translation，Notes and Commentaries，Sankt Augustin & Leuven，Steyler Verlag · Nettetal.

HART R，1999. Beyond Science and Civilization：A Post-Needham Critique［J］. East Asian Science，Technology，and Medicine，16：88–114.

JAMI C，1994. Learning Mathematical Sciences during the Early and Mid-Ch' ing［N］// ELMAN B，WOODSIDE W. Education and Society in Late Imperial China：1600—1900. Berkley：University of California Press：223–256.

LATTIS J M，1994. Between Copernicus and Galileo——Christoph

Clavius and the Collapse of Ptolemaic Cosmology［N］. Chicago and London：The University of Chicago Press.

VON ROMOCKI S J，1895. Geschichte der Explosivistoffe［M］. Gerstenberg：37–39.

SIVIN N，1982. Why the Scientific Revolution Did Not Take Place in China-Or Didn't It［J］Chinese Science，5：45–66.

TIAN M，1999. Jiegenfang，Tianyuan，and Daishu：Algebra in Qing China［J］. Historia Scientiarum，9（1）：101–119.

TIAN M，2006. Mechanical Knowledge in the Jiuzhang Suanshu［M］//ZHANG B C，RENN J. Transformation and Transmission：Chinese Mechanical Knowledge and the Jesuit Intervention. Berlin：Preprint 313 of Max-Planck-Institut für Wissenschaftsgeschichte：55–74.

TIAN M，2008. Rejection and adoption：study on the Gougu method in Ming-Qing China［R］. The 12th International Conference on the History of Science in East Asia（12th ICHSEA），Baltimore，USA，July 14—18.

ZHANG B C，2017. Transmission，Cooperation and Competition in Device Construction between China and Europe in the 16th—18th Centuries［J］. Nova Acta Leopoldina，NF Nr.414：99–111.

ZHANG B C，HAN J，2016. Analysis and Annotation of Leibniz's Questions and Grimaldi's Answers［J］//LI W. 'Für unser Glück oder da Glück anderer'：Vorträge des X. Internationalen Leibniz-Kongresses，George Olms Verlag：449–487.

ZHANG JIUCHUN，ZHANG BAICHUN，2007. Founding of the Chinese Academy of Sciences' Institute of Computing Technology［J］. IEEE Annals of the History of Computing，29（1）：16–33.

后　记

本书由三位作者通力合作完成。第一章由田淼和张柏春撰写。第二章由张柏春和田淼撰写。第三章由张柏春和张久春撰写。最后由张柏春统稿。

本项研究得益于作者与“科技革命与国家现代化研究”项目组成员们的讨论，以及与德国马普学会科学史研究所、中国科学院规划战略局等机构的专家学者们的交流。研究过程中得到了同事们的慷慨帮助。例如，我们参考了李成智教授、孙烈研究员、史晓雷副研究员、王思明教授、张钫讲师为《读懂中国》科技卷起草的关于中华人民共和国科技突破或技术引进的文稿。此外，张九辰研究员提供了关于中央地质调查所的资料，陈朴副教授、孙显斌副研究馆员和高峰馆员等同事协助查找文献资料，刘烨昕助理研究员和王凌燕馆员承担项目办公室的日常工作。在此，谨向以上专家学者致以最诚挚的谢意！

“科技革命与国家现代化研究”项目关注的是科技变革和国家现代化进程中的关键因素及其相互关系，其复杂性不言而喻。中国远离科学革命与工业革命的发源地，但受到了现代科学技术浪潮的有力冲刷，中国所发生的知识与社会的变革为我们理解具有世界意义的发展问题提供了典型案例，为研究现代科技后发国家的革命性转变开辟了新领域。在有限的时间内，我们只能探讨一部分相关的问题。如今，我们不揣浅陋，将阶段性的成果呈现给读者，以期得到大家的批评、指正和建议。

我们将进一步研究科技革命与中国现代化的复杂关系，争取早日以新的研究成果就教于读者们。

张柏春

2017年5月6日